滄海叢刊

哲學類

現代哲學趣談

鄔昆如 著

東大圖書公司

國家圖書館出版品預行編目資料

現代哲學趣談／鄔昆如著. －－重印二版一刷. －－
臺北市；東大，2002
　　面；　公分

　　ISBN 957-19-0312-4　（精裝）
　　ISBN 957-19-0313-2　（平裝）

140

網路書店位址　http：∥www.sanmin.com.tw

© 　現代哲學趣談

著作人　鄔昆如
發行人　劉仲文
著作財
產權人　東大圖書股份有限公司
　　　　臺北市復興北路三八六號
發行所　東大圖書股份有限公司
　　　　地址／臺北市復興北路三八六號
　　　　電話／二五〇〇六六〇〇
　　　　郵撥／〇一〇七一七五——〇號
印刷所　東大圖書股份有限公司
門市部　復北店／臺北市復興北路三八六號
　　　　重南店／臺北市重慶南路一段六十一號
初版一刷　西元一九七七年三月
重印二版一刷　西元二〇〇二年八月
編　號　E 14014
基本定價　參元肆角
行政院新聞局登記證局版臺業字第〇一九七號

有著作權‧不准侵害

ISBN　957-19-0313-2　（平裝）

現代哲學趣談

目　次

第二部分　二十世紀哲學

緒　言

西洋現代哲學起自一八三一年，即德國觀念論者最後一位學者
——黑格爾(G. W. F. Hegel, 1770~1831)逝世的那一年開始，直到今
天。

西洋現代哲學在這一百多年的發展中，有好有壞，有可喜的現象，
也有可悲的命運；因為就在這一百多年中，自然科學有了驚人且長足
的進步，工業發展到了顛頂，人類的物質文明也到達了高峰；但是在
另一方面，人類的精神生活似乎總是趕不上物質的文明，甚至人類的
理性用來造福社會的力量所付出的關心，很可能遠不如用來危害人類
和世界的事實。

固然黑格爾死了以後，德國的文化部（相當於我們的教育部）明
令各學校必須以黑格爾的學說為必修課，而引起許多學者的反對，並
且因此種下了禍根；如此懂得黑格爾哲學的人教授黑格爾哲學，不懂
得黑格爾哲學的人也教授黑格爾哲學，喜歡黑格爾的人講黑格爾的思
想，不喜歡黑格爾的人也講黑格爾的思想，這樣把黑格爾的哲學思想
講得亂七八糟，一般的士大夫階級對於他的思想有了很大的反感，因
此也就開始不喜歡黑格爾的唯心論，而嚮往哲學的另一派系，即唯物
論。

唯心論的沒落直接影響唯物論的產生，而唯物論的產生，在西洋
哲學，尤其是在西洋的文化發展中，有它的必然性。我們在《近代哲
學趣談》中提過，西洋的文藝復興與啟蒙運動，給西洋所帶來的，固

然發展了人文主義的高峰；因為當時的學者具有濃厚的民族意識，他們不再贊成羅馬的中央集權，同時也不贊成接受東方希伯來傳進來的文化體系，希望回到希臘的人本思想中。可是在另一方面，關於人生哲學方面，我們千萬不可忘記！西洋的白種人從希臘的海島文化誕生開始，就一直是屬於競爭的文化；這種競爭的思想，以時空為中心的奧林匹克做資範，而奧林匹克所產生的文化是屬於競爭的，直接影響到白種人的人生觀。

在日常生活方面，使得他們有蓄奴制度，奴隸制度最主要的思想是把他人不當成人看待，在群體生活中，他們實行殖民政策，是一個民族奴役別的整個民族；這種相反人性、違反人道的傳統，曾經有希伯來的宗教思想壓抑了一千多年，可是當西方從文藝復興與啟蒙運動中自覺以後，竟然拋卻了耶穌基督所帶來的「仁愛」思想，而又開始殖民和蓄奴。

西洋從唯物論開始以後，從進化論的假設開始以後，白種人又開始在我們這個世界上奴役與殖民，奴隸制度莫過於白種人在美洲販賣黑人為生，殖民主義莫過於白種人侵凌黃種人的地盤和黑種人的地盤為甚；我們中國就曾經遭受過瓜分之禍，雖然沒有成功，但是卻清清楚楚地指出西洋十九世紀後半期以後的人生觀，人生哲學和政治、社會的制度確實違反人道。

因此我們在此提及，固然在自然科學的發展和經濟、工業的發展上，我們讚美西洋十九世紀與二十世紀的成就，我們也讚美文藝復興和啟蒙運動推進西洋白種人大眾化的教育以及科學技術的萌芽與發展；可是對於人性與人道方面的觀察，我們卻不敢領教西洋這一個多世紀的作為。

在另一方面，近代哲學有法語體系和德語體系佔了上風；在十九

世紀後半期開始，哲學園地中沉默了好一會兒的英語體系以及法語體系又開始重振旗鼓，捲土重來。在法國興起了實證主義，在英國出現了功利主義，並且發明了進化論，補助了德國唯物論與法國實證主義的學說，甚至遠在美國也產生了實用主義以及修正實用主義的工具主義；這些新興的學說，都曾經在西洋十九世紀後半期的七十年間，影響了西洋的哲學思想，一直到二十世紀初期，這些唯物、實證、實用、功利……等等的思想，不但影響了白種人的世界，而且散播至整個世界各地，甚至每一角落都受到這些思想的影響與污染。

西洋一直等到二十世紀初年，才出現一些先知先覺之士，集合了傳統和當代的智慧，觀察了精神和物質的關係，才重新計劃出人性的價值與尊嚴，慢慢地從反人性與反人道的奴隸制度和殖民制度中覺醒。

可是雖然白種人的世界漸漸地覺醒了，世界上所有科技落後的國家，由於迷惑物質生活的需要和享受，已經大部分墮落於西洋十九世紀後半期的思想桎梏中，我們中國的現狀就是一例，在大陸不用說是實行唯物共產主義，在臺灣又何嘗不是走著唯物實證的道路呢？

目前我們好好地研究西洋現代的思想，以西方的沒落和西方的興起做為事實而研究，藉以做為西化或洋化的借鏡；雖然在科學技術方面所有的國家西化是必然的，而且在發展中的國家而言，西化是必須的，我們必須趕上西方的科學與技術；但是在精神的生活方面，尤其是在人生觀上，是否也得把自己幾千年的文化拋棄而接受西洋的人生觀呢？

因為西洋二十世紀的哲學有了覺醒的象徵，尤其是德語區與法語區，到目前為止，都已經漸漸地脫離了西洋十九世紀後半期沒落思想的影響，而能夠在唯物論與共產主義中重新估價人性的尊嚴，重新研究人性的價值；並且同時也能夠在實證主義的潮流中，挖掘出生命的

奧秘與精神的崇高；甚至在英語體系中，實用主義與功利主義也已經無法定於一尊了，而是由一些大思想家挺身而出，設法把哲學超度到形而上的地位，把人性超度到神性的領域。

我們探討西洋現代哲學的時候，很顯然的就時間而論，就可以分為兩段，而且這兩段的時間可以分配得十分平均；即以黑格爾逝世的那一年——一八三一年，到一九〇〇年之間為前半期，其間經過了七十個年頭；然後我們又可從一九〇一年開始算到一九七〇，也可以說是有七十年的時間。

在這二個七十年時間的哲學變化中，我們幾乎可以說，西洋十九世紀後半期的哲學，是迷失了，迷失於物質的世界以及物質的享受中；可是二十世紀的哲學，卻有許多的跡象，使得他們在覺醒，重新尋獲精神的價值以及人性的尊嚴。

黑格爾的哲學曾經一度把唯心論推至極峰，使哲學到達了藝術與宗教的境界，哲學與科學根本上已漸漸地分離；黑格爾的這種想法，在膚淺的人們看來，他是遠離了科學，已經不合潮流，因此在唯心論達到峰頂以後，就連黑格爾自己的學生也起來反對自己的老師，而用實際的對物質的關心替代了對精神的嚮往，以物質的光榮取代了精神的價值。

在西洋當代的思想中，很顯然地唯心論到達高峰之後，哲學的發展只有一條路可走，超過黑格爾已經成為當時不可能的情形，所以再從唯心的頂端下來，回到經驗的世界，從高昇的理想再回到實事求是的現實當中；於是從一八三一年到一八六〇年的三十年代中，西洋的哲學走進了分裂的時代。這種分裂的時代很顯然地是針對唯心論的學說，所有新興的學說都是正面地與唯心論起了衝突；這種衝突漸漸地累積下來的就是德國的唯物論、法國的實證主義、英國的功利主義、

美國的實用主義。從英國的功利主義配合了自然科學中特別是生物學的研究，慢慢地發展了進化論，然後有德國的唯物論接受了進化論的思想以後，架構了整個人生哲學的體系，因此發展了適宜於或至少可以解釋工業發展中所產生的流弊的共產主義，而共產主義固然看到了當時社會發展的一面，卻是病態的一面；可是對於真正可以解救這種人類危機的，並不如共產宣言所說的要在英、法起革命。

因為勞工與資本家之間，除了武鬥之外，還可以用和平的手段；我們以往所見到的社會現象，真正搞工人革命的，不是法國，也不是英國，而是前蘇聯與中共。

與黑格爾哲學相對立而分裂的，也就是與純粹思維對立的，是著重經驗與實驗的泛科學主義者。這些泛科學主義者，把人性當做物性看待，而在相同的情形之下，助長了白種人征服世界的野心，使得白種人瞧不起其他的有色人種、要以殖民地與奴隸的政策，欺凌他人，圖霸天下。

從另一個角度而言，希臘哲學發展到最高峰的形上學之後，它問起了宇宙最終的原理原則；可是希臘哲學也發展了另外一面，即形而下的問題。這形而下曾經在人類的思想中停留了一段相當長的時間，它的最主要理由，是我們的頭腦比手腳快，已經想出來的科學技術，手腳卻跟不上。

西方發展了一段很長的宗教時期以後，才開始發展自然科學，而這自然科學的發展從十六世紀到十九世紀，幾乎是三百年的時間，才漸漸地有了長足的進步；在這三百年期間中，配合了西洋侵略和奴役的野心，也就發展了各種工業技術的峰頂。

近代自從自然科學萌芽以來，哲學提出來的所有形而下問題，似乎都應該得到解答了，可是事實上卻不然，哲學的思考總比科學的發

展來得快；因此在理想與現實之間，在自然科學與形而上學之間，常常出現了不和諧的現象。所以唯心論可以藉著這種空隙直線上升，到達絕對唯心論的地步，可是一旦自然科學與技術發展到某一程度以後，人性就開始覺得思想的法則固然重要，而現實的生活卻更重要；因此從西方十九世紀之後，一直發展下來的哲學思想，帶有濃厚的唯物氣氛。

它們針對人的問題或神的問題的討論，都以物理的法則去衡量，雖然以物的法則，可是表面上還是以人做中心，而且設法把整體的人當做研究的對象；因此在最初的三十年分裂的期間，一方面有自然主義的興起，但是另一方面有傳統的形而上學以及道德主義的學派，主張價值與目的，與主張唯物的、盲目的、機械的宇宙論相對抗。

當然我們雖然在表面上看到的，是唯物論與唯心論的對立，而事實上，卻是人的心靈與頭腦的對立；因為如果要發展奴隸制度與殖民制度的話，需要依恃一個人靈活的頭腦，可是如果要在科學技術發展到峰頂的時候，仍然主張人與人之間要仁愛，仍然是主張人與大自然之間要和諧的話，這種動力必然是來自豐富的心靈而不是來自靈活的腦筋；而人生存於天地之間，生存於人與人之間，總是設法做人，總不希望把人與人之間的關係看成物與物之間的關係，不希望把人際關係看成人與動物或動物與動物之間的關係。

十九世紀哲學雖然可以說是一種過渡時期的哲學思想，屬於混亂的局面，但是這個亂的局面對於世界的影響十分大；影響最大的，就是人生存於工業社會中，開始不能夠以精神的生活為中心去適應現世的生存，尤其是一些落後的國家，從農業社會過渡到工業社會的時候，卻無法適應，無法把傳統的美德以當代的方式表現出來；比如是「敦親睦鄰」的美德，似乎只能適用於鄉村間的人際關係，而不適宜於都

市裡高樓大廈的居民。事實上卻不然；住在公寓式的房子中，人與人之間的關係同樣可以藉著各種的交際來活動，雖然沒有鄉村的淳樸，至少不會像過路的陌生人。

西洋現代哲學，特別是在前七十年的期間，也就是在十九世紀的哲學中，很顯然的分為兩部分，前三十年是哲學分裂的時代，後四十年是哲學對立的時代。

在分裂的時代中，相對於德國的觀念論，出現了一些唯實論與客觀主義，也出現了與客觀主義相對，同時也和德國觀念論相對立的主觀主義的思想。

在後期的四十年代當中，即一八六〇年至一九〇〇年期間，開始了哲學建立系統，能夠相互對立的一段時期，在這些對立的思想中，作者以三種的對立去概括，一個是客觀主義與主觀主義的對立，一個是宗教與反宗教的對立，一個是物質與精神的對立。在這些對立的思想中，很顯然地可以看出都是希望擺脫觀念論或康德哲學的束縛，能夠在哲學中找到一種新的境界。

當然在客觀與主觀之爭中，在宗教與反宗教的學說中，或在物質與精神的對立中，仍然可以看出反宗教與物質的學風佔了上風，而屬於宗教情操的，能夠重視人類精神文明的一些學說，在工業社會與科技高張的時期，難以立足。十九世紀後半期，最主要的學說是針對德國觀念論的理想，提出現實的解答，雖然他們所謂的現實，不見得比理想的東西好，畢竟能夠與科學技術和工業的發展的具體事實相配合。

因此在學說上，也有客觀主義的出現，贊成唯實論的說法，把一切的存在都當做客觀的，而主觀的，精神的價值漸漸地被否定。就在十九世紀後半期，有了客觀和唯實的說法出來保證哲學的方式之外，也有把「人」做為中心，以人的精神、理想與現實配合的說法，用來

討論宇宙和人生的問題，這就是主觀主義的出發點。

主觀主義設法以心靈為出發，以心做為歸宿，並且也以心靈的行為做為全部知識與本體的過程；雖然在西洋十九世紀後半期的思想中，很大的一部分工作無法與黑格爾的偉大體系相提並論，可是他們因為有現實的生活所支持，而且還有反對黑格爾更激烈的一些學派所支持，因此在西洋十九世紀後半期的思想上，整個的哲學無論在分裂的狀態之下，或在對立的狀態之下，幾乎都是接受「科學萬能」的學說，多多少少地受到唯物實證的感染。

真正能夠與德國觀念論相對立的是自然主義，而這個自然主義包括了所有的唯物、實證、實用和功利主義在內，這種自然主義最大的傾向，就是要發展現象主義；現象主義一方面反對「超越」，另一方面又反對宗教情操，反對「超越」是反對外在的上帝的存在，反對宗教情操是反對個人內心超越的可能性。

因此如果我們以學派為主的話，觀察西洋十九世紀後半期的思想，則有唯實論、自然主義、客觀主義、精神主義和主觀主義，都是反對黑格爾的觀念論；如果我們以哲學家為主的話，則可以看到無論是贊成宗教的祁克果，或反對宗教的尼采，無論是主觀的叔本華，或唯物的馬克斯，或實證的孔德等等，也都是反對黑格爾的思想。

總而言之，西洋十九世紀後半期的哲學，真正是西洋哲學走上最大迷失的一個時代。在此期中，人性被污蔑了，人類的尊嚴，被某些野心家所控制著，哲學真正思考的方向走進了迷失的狀態當中；站在人的立場，他的精神與肉體的二分法，變成了精神隸屬於肉體的情況。

我們暫且不論西洋殖民與奴隸制度在西洋十九世紀是如何地猖狂，至少我們看到他們在哲學園地中發展的唯物、實證等等的作孽，對於人性價值與尊嚴的解釋，就可以知道西洋如何在思想上開了倒車，

我們如果看到西洋主張人是猿猴進化來的，我們也就知道他們在人類歷史發展中如何污蔑人向上，向著更好的地步發展的特性，而把人的瘡疤揭出，提出人是如何從獸性那裡發展出來的，而忽略了人性縱使是由獸性那兒發展來的，畢竟向著的目標是神性與超然。

　　幸好西洋二十世紀的哲學有了很大的轉機，因為西方的上帝畢竟看顧了白種人的世界，就在一八五九年這個年代裡，上帝給西方送來了三位先知、聖人，而這三位思想家恰好分給西洋當代最主要的三種語系：德文、法文和英文。在德語區誕生了胡塞爾，胡塞爾發展了現象學的方法，找出人類知識與存在的中心，是在人內心的意識當中，外在世界的一切是依靠人類的意識去想它、去創造它。自從胡塞爾的思想發展以後，德國就不再有人相信馬克斯的唯物學說。

　　也就在同一年中，法國誕生了柏克森，柏克森發明了生命哲學，用實證論的同樣方法，證明人的精神高於物質，生命哲學發展以後，在法國的學術界就再也無人相信孔德的實證主義了。

　　美國在同一年也誕生了杜威，杜威的思想是把實用主義引導到工具主義之中，把人對利害的關係引導到是非的觀念中，也就是說，杜威重新把宗教、倫理帶領到人類的平面的知識當中。

　　由此觀看二十世紀的哲學的話，就看這三種語言在哲學中的影響，十九世紀時代，德國最猖狂的是唯物論，法國最猖狂的是實證主義，英美最猖狂的是實用主義與功利主義，到了二十世紀，同年的三位哲學大師，胡塞爾是以修正唯物論的猖狂，柏克森也足以打倒實證主義的偏差，杜威足以導引實用主義的迷失。

　　當然二十世紀的哲學，最主要的並非提出一些方案，指正十九世紀思想的錯誤，二十世紀的哲學並非如此消極，也有積極的一面。在積極的方面而言，可以分為兩方面討論，一方面是針對所有自然科學

的發展、針對工業社會的發展，而提出「科學哲學」的口號，希望在工業的社會中，人類仍然可以過自己精神的生活；另一方面人類面對著自身的存在，也就發展了「存在主義」，設法在人與人之間的關係漸漸地惡化、孤立的工業社會中，尋找出個人生活的一條出路，同時也指出人與人之間應該有那種正常的關係。

在二十世紀末年，尤其是六十年代之後，還出現了另外一位大的思想家，他很可能是我們世界哲學未來的一條出路，也就是在本書中最後要提及的德日進；此位法國人所受的教育，一方面是神學的，一方面是哲學的，另一方面又是科學的，他同時是科學家、哲學家、神學家，他受教育的時期是在法國，他思想的成熟時期是在中國，而著述的時期是在美國；如此一位能夠統合世界各地各種文化、各種語言系統，而且又能統合各種學科的人，是十分難得的，因此德日進的學說，也希望能夠在科學、哲學、神學已經分離到無法互相討論問題的時候，能夠把這三門學問拉到一起討論，以整體的人看整體的宇宙，以整體的人看人和宇宙之間的關係，看人與人之間的關係。

在德日進的學說中，他可以很清楚地運用科學的方法，告訴我們人與物的關係，他可以用哲學的方式，告訴我們人與人之間的正常關係，同時他也可以告訴我們如何在神學上取得人與神之間的正常關係，做為人生最後的一個歸宿。

當然我們在這本《現代哲學趣談》的小書中，不能夠涉及到當代思想的全貌，至少我們能夠在整體的西洋當代思想發展中，看出人類的思想，看出人性如何會迷失，可是又如何會覺醒。我們在討論西洋當代思潮之時，很清楚地分為三個部分：

第一個部分是我們先站在西洋哲學之外，看它的歷史發展，也就是剛剛提及西洋人如何在人性的發展與追求過程中，走上了迷惑於物

質，迷失精神之途；可是在另一方面，我們又可以看到那些先知先覺之士，如何能夠拯救危機，如何以「救世主」的身分出來，重新指引迷津，重新促使人類走上自覺的境界。

在史的發展之後，我們還可以觀察究竟西洋當代哲學所要研討的內容是什麼；畢竟，要在人性的迷失當中，替人類在宇宙之間找到一條出路。最後我們還要站穩自己的立場，觀看西洋當代的思想，特別是它從迷失走上自覺的一條道路，這樣對於我們的思想有一種啟發的作用。

在歷史的發展當中，我們很清楚地看到黑格爾死了以後，德國的哲學呈現著分裂的狀態，德國哲學的分裂，也就領導著西方其他國家的思想的分裂，繼黑格爾的絕對觀念論而興起的，一方面是反對黑格爾的左黨，另一方面也有維護黑格爾學說的右黨，左黨諸子在一開始的時候，就攻擊黑格爾的宗教信仰，開始批判西方基督宗教的傳統，甚至批判人性在宗教情操中的地位，而把終極概念的「至善」揚棄之後，接著就提出鬥爭性質的唯物論與共產主義；黑格爾的右黨則繼續發展「仁愛」的觀念，而且以發揚「仁愛」為職志，配合著傳統基督宗教的信仰，以新士林哲學與新康德學派的宗教與倫理來維護世道人心；就在這種分裂和對立的混亂中，眾說紛紜，分裂的時間有三十年之久，直到一八六〇年以後，每一種派系才漸漸地建立，而從分裂走上了對立。

這些對立，除了德國的唯物與新康德學派的對立之外，還有法國的實證主義；這實證主義崇拜科學的方法，以科學為萬能，站在科學的立場反對神學和哲學。在英語體系的國家則有功利主義。功利主義主要的學說，是把所有絕對的事物剷除，代之以相對的價值，這種相對的價值理論，很顯然的是反對傳統的絕對命題。不但在英國出現了

功利主義，而在美國也出現了實用主義，實用主義懷疑傳統的宗教和倫理的價值，認為一切的一切都在相對之中。

四十年的對立，由於人們對於科學與技術的信賴，以及對生活奢侈的嚮往，終於壓低了精神的價值，尤其是壓低了倫理、藝術、宗教的情操，把科學與技術推上神壇，作為人性崇拜的對象。十九世紀後半期的思想，可以說是人性崇拜物性最顯著的時代，人性在十九世紀後半期當中，拋棄了傳統的上帝，可是重新把物質當做上帝來崇拜。

科學技術的發展，如果沒有精神生活去配合的話，當然會產生人性的沒落與人類行為的偏差，因此西方十九世紀的確是西洋最黑暗的一段時期，在這段時期中，尤其是黑格爾死了以後，即一八三一年至一九〇〇年間的七十年，產生了西洋有史以來最黑暗、最沒落的文化階段，這種黑暗與沒落的明證，就是表現在人與人之間、國與國之間、民族與民族之間的爭奪，人性也在戰爭中遭到殘酷的否定。在此段期間，白種人之間相互的爭奪還算客氣，但是對待其他的有色人種，卻是侵略、奴役、殖民，配合著各種新式武器的發明，成為史無前例的人類浩劫。

二十世紀以來，雖然在哲學園地上有很多的先知先覺之士出來，找還人類的尊嚴與價值，但是軍隊與戰爭仍然在威脅人類的安全，準備著摧毀人類與世界；人類對和平本來就有一種嚮往，可是當代的人類對於這和平的寄望，常常遭到一些好戰者，喜愛鬥爭者的阻礙。

當然由於西洋十九世紀後半期的唯物、實證、實用、功利主義所導引的自然主義，對人性的浩劫，完全暴露於二十世紀的兩次世界大戰中，西方因為嘗到了戰爭的苦果，很多人能夠痛定思痛而自覺，就藉著現象學與生命哲學，而毅然地拋棄自然主義的種種謬論，企圖以人性的尊嚴來領導科技的進步。

　　但是世界上畢竟還有一塊很大的土地，並未為兩次世界大戰所波及，它的百姓在當代而言，是生來的暴發戶，對於哲學的派系無法做明智的抉擇，像西方已經揚棄的實證、實用主義，像奧國已經丟棄的維也納學派，仍然在這塊土地上大行其道，更不幸地還藉著富庶、進步的招牌，給其他落後的民族，尤其是那些落後的，但是又想在科學技術上急起直追的國家輸入了所謂自然主義的思想，目前一些行為主義或邏輯實證論，都是設法挖人性的根，挖人性尊嚴和價值的根，都是否定倫理和宗教的層次，在別人的優良傳統中散播「代溝」的思想，而在與自然主義的關係中高喊運動，許多沒有根深蒂固文化的國家，或本身狂妄地丟棄固有傳統的民族，一個個相繼地陷入於鬥爭主義的共產黨手中；然而人性的自覺與民族的自覺卻是現代哲學最根本的課題，除非能夠擺脫西洋十九世紀後半期自然主義的思想，否則人類不知還要流多少眼淚以及忍受多少苦痛。

　　西洋十九世紀後半期的思想，多屬自然主義的哲學，雖然當時有新康德學派以及基督宗教中的士林哲學仍然在逆流中做中流砥柱，但是依舊無法阻止邪說的橫行，就在黑格爾去世以後的三十年分裂與四十年的對立時間中，哲學的慧命幾乎全斷送在科學主義的手裡，這種自然主義的科學主義本來的意義是幫助人類認識「物」，幫助人類征服自然，幫助人類解決民生的問題，這種學說在開始的時候是十分正常的，沒有絲毫越界的現象，也更不會走上否定人性的思想途徑，也不會有否定人的精神價值與企圖，可是久而久之，由於從文藝復興與啟蒙運動的反抗心態，慢慢地導引哲學對於傳統的倫理道德與傳統的宗教情操的不滿，尤其是針對著集傳統於一身的黑格爾哲學起了反感，因而從各種的語言體系中同時發出「科學哲學」的口號；這些「科學哲學」的口號，完全是站在黑格爾哲學左黨所提出來的。

　　西洋當代的思想，沿襲著德國的觀念論，最先有反對黑格爾左黨的出現，這些左黨人士首先反對黑格爾哲學的「根」，即傳統的基督宗教信仰，以及「啟示」的神學。這些左黨人士所提出的思想，以「唯物」做中心，反對黑格爾的唯心論，他們開始的時候，是反對神學的思想，但是漸漸地變成哲學的體系，特別是後來變成政治的思想和社會的思想，尤其是透過馬克斯和恩格斯的作法，竟然把「唯物」帶上了「共產」，把唯物論帶上了共產主義。

　　唯物論的興起，是在黑格爾絕對精神的反動下進行的，由這些左黨的人士所催生，他們的哲學最主要的理由，是由辯證法所促成，而以唯物辯證、唯物史觀的內容去架構哲學的宇宙觀和人生觀；也就在宇宙和人生的問題上，他們運用了由英國所輸入的進化論，而以為無論在理論上或在世界歷史的史實上，都是唯物的，人是由猿猴進化而來的，精神是由物質進化而來的，整個歷史都是在闡明唯物和進化的事實，在唯物論的哲學體系中，能夠用哲學的方法，同時也用神學的方法，辯證出唯物學說，而反對唯心的學說。

　　我們目前所知道的最有名的當然是馬克斯與恩格斯，而事實上，哲學學說最有深度的是費爾巴哈；無論是費爾巴哈，或者是其他黑格爾左黨的人士，其實最先反對的是黑格爾的宗教信仰，因此他們設法去唸神學，從神學當中找出一些破綻，作為反對神學的建立，反對上帝的存在，以及物質條件的重要性，尤其是在人生的過程中，經濟的活動影響了整個的人性，在整個唯物辯證的過程中，經濟才是民生最主要的東西，經濟可以由物質的條件控制著。

　　除了德國的唯物論之外，在法國也產生了相信科學萬能的思想，這種在法國發展的科學主義叫做實證論。實證論最主要的學說，是在方法論上，以為科學方法，特別是在自然科學的實驗方法，才是求得

真知識的最主要標準，因而從這種知識論上所導引出來的形上思想就成為反形上學的哲學。因為實證論所提出的，以為唯有透過感官或由實驗室中所提出來的才是真實的，而那些依靠思想或理想直觀所得出來的東西——倫理、藝術、宗教等等都是空想、幻想，都應該在新的哲學中遭到排除。

實證論有很多派，他們分由各種不同的角度去發展「科學萬能」的信條，有社會實證論、進化實證論、批判實證論；社會實證論是以歷史發展的方式，說明人性發展的過程，而設法把這種意見應用到政治、社會當中；進化實證論以自然科學的實驗來補足社會實證論的理論，從發展和進步的概念中，結論出進化的原則，而且用自然科學的成果來解釋進步的程序，最主要的是生物學上的發現，如達爾文所主張的「人是由猿猴變成的」這一類的思想；批判實證論是德國發展出來的一種思想，這種思想希望哲學的對象與科學的對象合而為一，他以為哲學的問題應該以事實做標準，不可以理想做標準，這些人認為物理學家就是最大的哲學家。

除了德國與法國發展了唯物論與實證論之外，在英國也產生了功利論；功利論真正的起源，可以說是人性論的一個派系，以為快樂就是幸福，它主張人生的目的是為最大多數人謀求最大的幸福，而且進一步認為一個人感到快樂的時候，才是幸福的，所以覺得社會的一切措施，都應當以快樂為前提，不但是物質生活，精神生活也應該給予百姓快樂。

在同一時期裡，美國產生了實用主義；這種實用主義的哲學，是視實際的效果來批判理論的對錯或理論的高低，知識直接的目的，甚至行為直接的目的，卻是實用；所以如果談及「忠誠」或「許諾」等德性，在實用主義之下就不是一種德性，而是一種愚蠢。

在美洲發展的這種實用主義，後來影響政治十分深，因為它漸漸地流於僅有利害關係，而沒有是非觀念的地步。

在德國還有另一種思想，就是反對宗教的一種潮流，它不是唯物主義，雖然它所重視的是人的精神，也帶有濃厚的人道主義色彩，可是在十九世紀後半期，對於宗教情操、倫理道德畢竟有很大的打擊作用，這就是自然主義中的學者——尼采。尼采是一個非常特殊的人物，他一方面叫喊「弟兄們！對地球要忠誠」，另一方面卻高喊著「一個人必須變為『超人』」；尼采以為人生存在世界上，最主要的是依靠個人生命的衝力，解脫一切倫理道德的束縛，特別是一切宗教的束縛，主張「上帝死亡」，並且認為「唯有上帝死了，我們人類才能享有自由」。尼采所提到的哲學體系，認為人應該有權力意志去發展人性，以為唯有神性被消滅了，人性才可以變成神。

比尼采更早的另一位德國思想學者，影響當代哲學很大，那就是叔本華；叔本華以他直觀的理想，配合著自己生活的體驗，發展出「萬物一體」的哲學思想，使得人類能夠生活在這個世界上，可是不屬於這個世界。

新康德學派在十九世紀後半期而言，是屬於中流砥柱的一個派系，因為這個派系重新強調康德的道德哲學，以為人在利用所有物質世界的資源之時，最主要的是人本身不單單注意到人的現實問題，而且注意到人的理想、人的創造能力，尤其是人的倫理道德的問題。康德以為人固然是認知的主體，可是同時也是道德實行的主體，人的高貴不在於他有靈活的頭腦，而是在於他有豐饒的心靈。

同樣與新康德學派站在一起的，就是西方基督宗教中的士林哲學，士林哲學也在科學的衝激中以新的面貌出現，歷史稱之為新士林哲學。新士林哲學設法解釋科學無法滿足人類的心靈，解釋人追求物質的慾

望，永遠無法填滿自己的心靈，而應該以一個心靈的理想境界，才足以使人安息於真、善、美、聖的情境中。

在以最簡潔的介紹，說明十九世紀後半期的思想以後，我們再進一步地探討二十世紀的思想：

西洋二十世紀的哲學思想在上文已略為提及，最主要的是針對西洋十九世紀後半期這三種新的語言所發展出來的哲學，即針對德國的唯物論、法國的實證主義、英美的實用主義與功利主義；而二十世紀的哲學，針對唯物論的有現象學，針對實證主義的有生命哲學，針對功利主義與實用主義的有工具主義；可是在這些直接針對西洋十九世紀後半期思想所發展出來的新思想，以及在這個消極地修正過去錯誤的觀念思想之外，也有新的思想，就好比存在主義專門注重個人存在的問題；又如實證主義中的一派，希望以思想的法則來界定自然科學的法則，希望科學的研究走入哲學的研究中。

現象學是由德國的胡塞爾發明的，他以「意識」做中心，繼笛卡兒之後，再度探討絕對知識論的問題，希望能夠透過知識論的研究找到本體論的重心。胡塞爾因為早年學習數學和心理學，對於自然科學的方法得心應手，因此也能夠在哲學上提出一種新的屬於科學的方法，不過他不停留在物質的層次，而把人生的問題推向心理或意識自覺的層次。

法國的生命哲學，完全是按照實證主義的方法，全部利用科學實驗的方法，指證出物質的存在上面還有生命存在的階層，甚至生命之上還有意識的階層，甚至意識之上還有精神的層次，因此人生絕對不會滿足於物質層次的享受，他還有生命、意識的情調，還有精神的宗教情操。生命哲學的全盤意義在於他會發展，在於他自己能夠選擇自己內在的目的。

在美國發展的工具主義，杜威能夠把世界上所有認為相對的東西推向一個絕對的可能性，把人世間以為是非、利害關係推向一個宗教的層次；至於存在主義發源於丹麥的基督徒——祁克果，然後由德國的兩位思想大師——雅斯培和海德格發展下來，這種存在哲學的思想然後波及到法國，導引出沙特和馬色爾的文學造詣，闡明人生的意義。存在主義雖然在開始的時候強調人性的荒謬，描寫了人性的矛盾，可是它認知自己的荒謬和矛盾的唯一目的是要導引人性擺脫這種矛盾和荒謬的感受，而能夠找到自己存在的一種歸宿。

在西洋哲學當代的發展當中，我們很清楚地看到一個問題，就是自然科學對人類的貢獻，以及其對人類思想所產生的衝激。人類在決定自己的人生觀與自我意識的過程中，有許多修正的地方；可是在另一方面，我們不得不承認科學技術對於人類的貢獻之外，還給人類帶來了一些迷失，特別是給人類帶來了毀滅的危機，凡是關心人類存在或人類社會文化的人，都有這種隱憂；就在這種隱憂與讚頌科學技能發展的兩種隙縫之中，我們總是希望能夠找到通往真、善、美的一條通路。

人性在他的智慧與愚蠢之間，人類在他的進步與迷失之中，總設法找出一條對未來的途徑；也就因此哲學的未來的發展，對宗教、藝術、倫理、科學都是必須設法找出一個能夠統合一切，能夠以整體的人性研究整體的宇宙問題和人生問題的哲學思想。

因此在二十世紀的哲學未來發展中，科學哲學、倫理哲學、藝術哲學和宗教哲學的發展應該齊頭並進，因為唯有透過這四種層次的體驗，才可以真正地發展出人性的尊嚴和價值，同時在另一方面，由於交通工具的發展，人與人之間的距離顯然地被拉近了，也就因此哲學的發展，應該是統合了所有的智慧，無論它是西洋人或中國人的，無

論它是希伯來人或印度人的，這些智慧指導著人生，指導著宇宙中的人性已經幾千年，我們現在依靠科學技術的發展，或文字、語言的溝通，應該集合世界當代與傳統的所有智慧，共同解決人性的問題，共同解決人如何生存在宇宙當中頂天立地，如何生存在人與人之間互相仁愛，互相幫助走向真、善、美的境界，互相幫助步入大同的世界。

我們以簡略的方式說明西洋當代哲學的發展及其發展應該走的方向，我們再回過頭來看看究竟西方當代的哲學所包含的內在意義是什麼：

現代哲學自從黑格爾去世以後，眾說紛紜，所討論的問題以及所提出來的答案更是千頭萬緒，我們大概可以針對著世界上很清楚的四種存在層次，作為討論西洋當代哲學的問題的重心，這四種層次就是「物質、生命、意識、精神」。

首先我們討論「物質」層次的把握：人性生存在這個世界當中，最先所發現的是自己生活的問題，而也就在自己追求生命當中，應用自己的智慧如何利用世界上的事物，作為充實和延續自己的生命，這也就是所有自然科學發展的最後原因和動力；這些自然科學的發展，顯然是人性根本的需要，從需要發展到娛樂，都需要人把握物質這一個層次，可是問題發生在人利用了物質以後，是否迷惑於物質或者仍然可以超越？能夠役物而不役於物，能不能夠在自然世界中創造出人文世界，而這個人文世界雖然要利用物質，而卻不把物質做為上帝來崇拜。

我們所住的這個世界以及我們的肉體都是物性構成的，擺脫不了物理的束縛，甚至我們生存的所有必須條件都與物質發生了不解之緣，對物質世界的把握，對於改善人類的生活，物質是最根本與最先決的條件。唯物論的誕生也就是奠基在這個現象的觀察，而且無法脫離這

種觀察的現象，亦即，它無法透視這些現象後面的本質；因此這種物質層次的把握，這些思想家與他們本身所反對的唯心論犯了同樣的弊病，因為他們也開始越界，他們在討論了物質的現象之後，把這種現象應用到人類社會中，以為人類的社會也應該和禽獸的世界一模一樣，如唯物論、進化論、實證論都認為人類社會間的道德、藝術、宗教都是多餘的事物。特別是人性在宗教上的發展，更是唯物論和實證論所反對的。

如果要修正唯物論，最主要的一點，是要把人性中的精神價值，把人文世界所有物質裡的精神存在抽離出來，歸還它們原有的尊嚴和價值。

在物質層次的把握之後，就是生命存在的發揮，因為為了使物理不必要取代人性，因而生命哲學就有了存在的地位，生命的把握與對生命的熱誠，使得自然主義學者無法不收回自己獨斷的偏見，生命和物理不一樣，它不是數學的公式所能夠表達的，因為它有一個內在的目的，這內在的目的是超越了所有的機械唯物，它並非靜止不動的讓人家去觀察，而是有一種進化的法則向著未來的目標前進，它是一種活的東西，生的潛能，是生生不息的，它能夠從母體流出新的一代，綿綿不絕繼續生存下去，能夠衝破時間走向永恆，能夠突破空間走向無限。

生命層次的發揮，是生命哲學最主要的目的，我們無論以冷靜的頭腦觀察生命現象也好，或以狂熱的感情歌頌生命的真諦也好，都要強調人性的尊嚴，強調人生的奮鬥，指出人性要為自己創造未來，為自己、人類創造幸福。幸福和未來都是沒有來到的，可是人能夠創造它，能夠等待它。

在生命的層次以後，我們要談到意識的層次，在知識論中，西方

哲學向來的發展，從柏拉圖開始，就已經走進了二元論當中，近代哲學的理性主義，經驗主義，甚至康德和德國觀念論，都受了二元的束縛，並且如果我們一談到意識的時候，馬上就決定了意識的主觀性。意識的主觀性才是探討知識應走的一條路，不是靠理知的理解，更不是依靠感官的經驗；現象學最大的貢獻，就是找到人類的意識與思想、存在的關係。

如果這種意識有如笛卡兒所謂的心的實體，不是外在於心的物，那麼意識所表現的，豈不剛好反對唯物論的思想？如果意識所指的，是他所思的存在基礎，那麼豈不又變成物的創造者、發明者？人性生存在這個世界當中，不但有一種認識的作用可以抽象，可以歸類，它還有一種發明的能力，它能夠創造出世界上原來就沒有的東西，這種創造的能力，使得我們漸漸地脫離意識的層次，而走上精神的一種境界。

精神的境界，不單只是康德的道德哲學，也不只是西方基督宗教的哲學，而是真正地面對著人性自己要超越自己，自己要發展「人為萬物之靈」的一種體驗。站在精神的高峰看意識、生命、物質，會使得我們既不必要否定進化的學說，同時也不必否定物質的存在，而是所有的存在都有精神在指導，都有精神的內在目的去領導它往前去發展，從物質可以一步步地產生一種生命，從生命可以產生意識，從意識可以產生精神，不過到最後得承認精神的最高一個層次，它是超時空的存在，它是如何使得物質進化到生命，從生命進化到意識，從意識進化到精神。宇宙的進化早就開始了，但是沒有終結，它開始了可以從物質跳到生命的層次，從生命跳到意識的層次，從意識跳到精神的層次，它也可以由人的層次跳到神的層次。

二十世紀的哲學內容，如果我們站在這個立場看的話，是屬於樂

觀的、進取的，而不是像進化論所謂的「人是猴子變的」，「猴子是前面的物質變的」如此而已，因為它要看準人性對未來的瞻望，而不是它過去的一段不光榮的歷史。

我們就以這幾句話結束西洋現代哲學的內涵意義，如果把這些思想陪同著整個歷史的發展來解說對於我們今天的意義的話，我們就得講幾句話：

西洋思想有它的精密之處，有其嚴謹的邏輯結構，也有它對人生的一種體驗，以一種精密清晰的頭腦，以一種豐富的心靈，面對著人生、宇宙；所以如果我們當前的中國要接受西洋的事物的話，一定不可以以膚淺的一句話去概括西洋，認為西洋只有物質的文明，因為如果西洋真的只有物質的文明，那麼我們的西化、洋化根本上就是退化，為什麼把五千年的文化揚棄而向著一種物質的文明學習呢？其實不然，中西的哲學歷史，中西的人性發展的歷史中，都充滿了精神，同時也充滿了把握物質的信念，我們在當代的思想，為了生活的必需，為了生活的娛樂，必須去發展物質與經濟的層次；而另一方面，我們也得發展精神生活的樂趣，與藝術的情調、宗教的情操。

西洋的哲學給予我們一個顯明的啟示，那就是哲學要面面顧及，要以整體的宇宙和人生去探討，要顧及人性的知、情、意三方面，同時要注意人生的前世、今生和來世的三個層次；並且在對象的選擇上，顧及物質、生命、意識、精神四個階層，而在主體認知的尺度上，包括人性的知、行、信。科學、倫理、藝術、宗教都是人文世界的產品，可是這人文世界是自然世界的模仿、再造、美化與完成，要談人性、要善度人生，就必須同時擁有科學、藝術、倫理、宗教，以科學來征服並且把握世界；以倫理道德來修己成人，以藝術來善度生活，以宗教來超度自己和眾生。

　　為了使讀者有更清晰的思路，我們在這裡討論現代哲學的時候，很清楚地分為兩個大的部分，第一部分是西洋十九世紀的哲學，第二部分是二十世紀的哲學；十九世紀的哲學從黑格爾去世的那一年——一八三一年到一九〇〇年，剛好有七十年的期間；二十世紀從一九〇〇年到一九七〇年，也剛好有七十年的時間，在十九世紀的哲學中分為三章討論，這三章根本的意義，在於提出西洋哲學十九世紀分裂和對立的兩種特性，這三章就是兩種思想分裂和對立的情形，第一章提出主觀和客觀的對立，客觀的有赫而巴特和波查諾的學說、主觀主義我們舉出叔本華的思想；第二章提出宗教與反宗教的對立，宗教方面的提出祁克果的思想，反宗教的特別提出德國的尼采；在第三章裡，我們提出一種比較複雜的對立，即自然主義與人文主義的對立，自然主義的哲學思想，有德國的唯物論，法國的實證論，英國的功利論，而在人文主義方面，有新康德學派和新士林哲學的派系，甚至我們還可以舉出一些歸納形上學的學說，都是指出人的價值。

　　在第二部分二十世紀的哲學評介當中，我們提出針對十九世紀後半期末流的思想，尤其是以德文為中心的唯物，以法文為中心的實證，以及以英文為中心的功利和實用，提出德國的現象學，法國的生命哲學，以及英美的工具主義。那麼在這種修正過去的哲學，同時解消過去思想的危機，除了這種消極方面，我們還要特別介紹兩種當代的思想潮流，一個是發展在歐洲大陸的存在主義，另一則是發源於歐洲大陸，而盛行於英美地區的邏輯實證論。

　　以下開始分部、分章、分節地討論西洋現代的哲學思想。

第一部分　十九世紀哲學

十九世紀後半期，從黑格爾去世以後，首先出現的哲學動向是要修正黑格爾的學說，所有思想家幾乎都是針對黑格爾的觀念論提出現實、提出另一種觀念，修正黑格爾這一個天羅地網式的觀念論架構，而且也有把理想中不切實際的部分加以刪除，使得哲學不致於淪於空中樓閣，也有針對觀念論的主觀形式。提出來的客觀主義，把一切的存在都看成客觀的，甚至連主觀的思想和語言都有一定的客觀規則來完成，有了客觀和唯實的兩種思想出來批評黑格爾哲學以後，又出現一個主觀主義的叔本華，他不再是如黑格爾一般的以整個理想做為哲學的重心，而以為人才是行為的主體，才是宇宙的中心，以包羅萬象的方式，把宇宙萬物都概括於人的心靈中，以人去把握世界，以人去頂天立地，以人的內心做出發點，以人的心靈做歸宿，以人的心理嚮往做為全體哲學的過程。

可是一直到這裡，修正黑格爾哲學的工作事實上還沒有完成，還未十分徹底，因為整個唯心的東西唯有以一種極端對立的思想才能夠真正地對立，那就是相信「科學萬能」的自然主義的出現。

一八六〇年以後，新康德派出來反對唯物論，可是唯物主義能夠以進化的方式，以自然科學做口號，畢竟發展了相當主要的，影響整個世界，不只是哲學，同時在政治思想上，佔有了目前世界的地域的一半，人口也佔據了一半，給予人性有史以來最大的浩劫。

第一章　客觀與主觀的對立

西洋十九世紀的哲學，在一開始的時候就遭遇價值的問題，很顯然的，在我們的感官世界中，一切都是平面的、都是價值中立的，可是一旦人文主義從自然世界獨立之後，就發現價值的批判，而這種價值的批判影響到我們的日常生活，客觀與主觀的對立，最主要的形式是討論這個價值究竟是由客觀去規定呢？還是由主觀去創造？客觀主義者認為只有復古的傾向才可以拯救哲學，應該從客觀去規定價值，而主觀主義認為應該創新，應該從主觀去創造價值。

當然無論是客觀主義者，或是主觀主義者，在這裡都與德國觀念論的意見不同，也都可以說他們都是反對從康德以來的德國觀念論的思想法則與思想的內容。德國的哲學由於黑格爾的死達到了尾聲，首先由客觀主義的哲學出來拯救危機，這個客觀主義一方面有自稱唯實論的赫而巴特，也有自稱為客觀主義的波查諾，他們一致地設法修正唯心論的弱點，此期思想的中心是把德國唯心論根本的問題提出來討論，把它們根本的基礎重新加以考慮，如此康德的哲學成為此期思想討論的對象。

在這期的思想中，認為康德否定了人的知識能力，只承認人的道德命令以及道德的實行，這也就是說，康德所注重的不是認知的主體，而是道德的主體。如此康德在考據傳統哲學之後所得到的結論，竟然是知識達不到「物自體」，而且理性也達不到「物自體」，即哲學本身無法解決人生知識的問題。

主觀主義與客觀主義在這裡都設法把價值的觀念放置於康德的知識與道德的哲學之中，希望藉著價值的體認，而使得知識的主體與道德的主體重新統一起來，重新在人的身上統一起來，使得人在選擇價值、決定價值的時候，同時是認知的主體，又是道德的主體。

第一節　唯實論與客觀主義

唯實論(Realismus)與客觀主義(Objektivismus)首先討論的問題，是康德對於「物自體」的信念問題，也就是說，康德的道德主體固然可以達到「物自體」，可是在知識論上未免有了弱點，他的認知主體到達不了「物自體」，那麼如果認知主體到達不了「物自體」的話，很顯然的是否定了人的認知能力，只承認人的實行能力，這種實行的能力在西方傳統的哲學中是否會是盲目的？是否會是相反目的性的東西？

這麼一來，唯實論與客觀主義是首先出來修正康德的兩個派系：

(一)唯實論

唯實論的代表是赫而巴特(Johann Friedrich Herbart,1776～1841)，赫而巴特於一八〇九年接康德的教席，任教於科爾士堡大學，然後於一八三三年任教於哥丁根大學，貢獻在於教育學及心理學，尤其是教育學，自赫而巴特起，才開始成為專門的學問之一。

著作很多，主要的有：

《形上學通論》(*Allgemeine Metaphysik*, 1828)

《哲學通論》(*Allgemeine in die Philosophie*, 1813)

《心理科學、奠基於經驗、形上學及數學》(*Psychologie als Wissenshaft, Neugegrundet auf Erfahrung, Metaphysik and Methematik*, 1824

～1825)

　　《教育通論》(*Allgemeine Pädagogik*, 1806)

　　綜合赫而巴特的這些書，可以知道在消極上他批評康德，在積極方面是建立知識的可能性；赫而巴特批評康德的重點在於，以為康德把假相和真相對立起來，把純理性當做是到達不了「物自體」的能力，而只能夠到達假相，而世界的真相就成為不可知的；赫而巴特則認為我們的認知能力可以透過假相而認識真相，真相與假相不但不是對立，而且是相輔相成的，在知識論中，假相應該是真相的前導，真相與假相應該是一體的兩面。

　　在赫而巴特的哲學中，康德的學說是停留在空中，而赫氏則把它拉下來，拉回到現實的世界中，現實的認識，固然針對的現象是真相，可是它需要經過假相，需要經過我們的感官經驗。

　　再進一步，赫而巴特以為康德的自我是認識的主體，是抽象的，赫而巴特的自我則是具體的；赫而巴特以為具體的自我發出的行為是唯一的，也就是說，這種行為是由假相到真相，而且不但主體唯一，行為唯一，對象也是唯一，對象就是假相或真相的混合物，「物自體」對物而言是真相，對於我們的認識作用而言就是假相，假相有許多顯示自己的方法，不過都是以真相作為基礎。真相與假相其實都是一個，都是為了人能夠認識事物的主要基礎。

　　赫而巴特在這裡還舉了一個比喻，比如「雪」是存在物，它所顯示出來的，對視覺而言是「白」，對觸覺而言是「冷」。「白」和「冷」都是主體經由感官到達「雪」的途徑，「雪」本身雖然是不可感覺的，但是它的顯象「白」和「冷」是可以感覺的，這種可以感覺到的「白」和「冷」用不著「道德命令」去規定，也用不到意志去追求，只用感官就可以抵達的。

　　赫而巴特認為康德的哲學強調道德主體，而忽略了認識主體，是有偏見的；赫氏同時認為具體的自我有內在的靈魂，從這個靈魂可以發展聯想心理學，因為在心理學的後面，我們才可以討論倫理，所以在倫理學之前，我們先得討論知識的可能性。

　　康德的倫理基礎停在「應該」(Sollen)，也就是停留在「應然」上，赫而巴特繼續下去，以為「應然」的良心呼聲是以「最高的價值」作為基礎，這價值就是「美」。「美」對人的吸引而產生內在的呼聲：「應然」而推動了倫理道德的觀念。赫而巴特把價值的觀念分為五級，最低的是「賞善罰惡」的信念，其次是「正義」，再其次是「慈悲」，第二級是「完美」，最高一級是「內在自由」。赫而巴特提出「價值」概念，一方面指正康德太高估了人的尊嚴，而忽略了人的極限，尤其是自由意志的極限。一方面從最具體的人生體驗中，以人生的現實，「賞善罰惡」的信念，作為行善避惡的最底層基礎和動力。人的自我超升，是一級一級地從最底層出發，發展到最上層，而不是如康德所說的，天生來就有最崇高的道德命令，而且也有足夠的能力，去實行這道德命令。

　　所以赫而巴特所發展的唯實論，最主要的是看清楚了人在對價值的批判中，不但有能力，而且有極限。康德以及德國觀念論，高估人性的能力，而忽略對於人極限的探討。

㈡客觀主義

　　客觀主義的代表是彼查諾(Bernhard Bolzano, 1781～1848)，生於捷克，母德籍，父從意大利米蘭遷來僑居，故有捷克人之辛勤，意大利人之活潑以及德國民族之踏實。一八〇五年任神職，後來在布拉克教學，一八一九年離神職獨居，專事哲學，成為哲學的教授。

波查諾的著作很多，在此舉出兩部代表作：

《宗教學讀本》(*Lehrbuch der Religions-wissenschaft*, 1834)，四冊。

《科學》(*Wissenschaftslehre*, 1837)四冊。

波查諾的學說，直接反對主觀主義，他以為康德以及德國觀念論者，費希特、謝林、黑格爾都是屬於主觀主義的學者，波查諾以為他們無法在形上學的架構上拿出證據，因此他特別創立客觀主義的學說，以「自體」(An sich)為哲學的重心，認為哲學的方法，不可再利用康德或康德以後的德國觀念論的綜合方法，應當回復到古代的分析方法中，波查諾以為數學的方法是分析的，而分析得出來的公式才是絕對的、不變的，這種方法在西方從亞里士多德開始就已經運用了，整個的中世也採取了這種方式，因此波查諾對於傳統哲學的方法有很大的信心。

在他的「自體」哲學中，他認為首先可以分析出來的是人的「語言」，而「語言」是人主觀發出來的東西，它整個的形式是主觀的，可以以分析邏輯的方式解釋清楚的，但是「語言」所表示的內容卻是客觀的，主觀的人對客觀的世界有什麼意見呢？就用語言文字表達出來。因此也就是，語言本身是由主體主觀所發的，但是它的內容卻是客觀的，語言的存在是屬於主觀的，但是語言的內容卻是客觀的，在語言存在以前，使得它存在的最後一個理由，是主體的主觀性，但是當語言存在以後，它本身就變成客觀的，它所指示的也是客觀的，因此波查諾結論出：開始的時候，語言是主觀的，但是一當語言存在了，它就成為客觀的、獨立的，這種獨立的存在和我們外在世界的桌子、樹等其他一切具體的東西，都有同樣的資格。

從「語言」再進一步分析的時候，是人的「想像」，在想像當中，並不是問到真或假的問題，想像既非真亦非假，因為它是構成語言的

因素，即它本身只是一個概念，波查諾以為我們的想像有四種進程：先是具體的想像，如走獸，從具體的想像，後有抽象想像，如獸類，再後有直觀的名詞，如此獸，最後我們才在我們的腦裡得出概念，如獸概念。

在邏輯學上，以為有概念與概念之間集合或分離，就成為判斷，可是概念的集合或分離是有法則的，因此判斷有規則可守，所以是客觀的，並非由主觀的隨心所欲，主觀並不可以把兩個或兩個以上的概念隨便把它們聯起或分開。

在「自體」哲學中最後有「真理本身」。這真理不是邏輯的真理，也就是說，它不但只是我們在分析語言、文化、或分析概念與概念之間的一種內容，而它自己應該是本體論的真，本體論的真，是它有具體的事物作對應，它經得起科學的檢證，邏輯的真是主觀的，用不到客觀去對應，因為它可以發展出幾種概念，如無限、永恆，都不是客觀世界所能夠找出來對應的東西，可是本體論的真，就一定得在客觀的世界上找出檢證才可以，因而這種真理的本身，才是真正存在的最高峰，一切的存在和思想，都在它之下存在，分受了它的存在，就連神也要想它。

波查諾在他的哲學中最大的貢獻，是因為真理本身是真的，所以神和人都想它，而不是因為人和神去想它，它才是真的；很顯然的，此種思想完全是繼承了柏拉圖的辯證法和柏拉圖的觀念論，以為真理是最高的存在，所有的存在都是分受了它的餘蔭。

就站在真理的立場，波查諾終於發展了自己的形上學，它以為所有的真理都是客觀的，甚至主觀真理的內容也是客觀的；甚至更進一步，我們主體所探討的主觀真理，這種探討的內容，也是屬於客觀的。

雖然在十九世紀期間，科學的精神影響到哲學的發展，同時真的

可以發展出一種「客觀」的趨勢，可是我們並不能完全停留在本體論上，我們的哲學工作，根本的方向還是從知識論開始，並且在哲學的探討上，尤其是在知識論和本體論相遇的時候，主觀的價值很顯然地又會再一次地重現，就在客觀主義的同時，在西方又出現了一派主觀主義，主觀主義當然涉及價值批判的問題，當然可以指出世界上所有的存在階層中，除了客觀之外，還有主觀的存在，而主觀存在的天地比客觀主義更大。

第二節　主觀主義

在西洋十九世紀發展的主觀主義(Subjektivismus)，首先由叔本華(Arthur Schopenhauer, 1788～1860)開始提倡，叔本華繼承了德國的神秘主義以及德國的觀念論，把人的意識看成宇宙的中心，大有我國宋明理學所提出的「心外無物」的想法；可是叔本華更進一步，他把人的心靈後來又消融入整個的宇宙之中，叔本華對主觀的探討，最重要的貢獻，是把精神和物質貫通起來，而且把整個的宇宙看成生生不息的，充滿整體觀的動力存在。

現在分段敘述叔本華主觀主義的思想：

㈠生　平

叔本華通常被我們認為是一位悲觀的哲學家，他生於德國西部，為一富商之子，他的父親非常崇拜伏爾泰爾(Voltaire)，母親是一位成名的小說作家，因而她有機會讓自己的兒子接觸各種文豪的作品，尤其哥德的詩對於叔本華的影響非常地大；因為經商的關係，叔本華幼年即追隨父親到處奔走，並且曾經在法國求學，以後又留學英國、瑞

士、奧地利等國，中學的時候修習當時歐洲各種實用的語文，至一八
一一年才在德國定居，開始修習古典的文學，但是在大學入學之時，
又改變了主意，欲學醫，在學期間，對於物理、化學、生理也感到興
趣，最後又對哲學發生興趣，曾經好好地研究柏拉圖以及康德等人的
著作。

就在叔本華唸了柏拉圖與康德的著作之後，一心一意地專攻哲學，
尤其在柏林大學唸書的時候，專門攻讀費希特(Fichte)的作品，也開始
準備博士論文。可惜由於當時的柏林反對拿破崙的入侵，大學被關閉
了，因此叔本華自己深居簡出，開始著述，後來因為著作成名，柏林
大學聘之為講師，但是由於叔本華口才太差，而且也直接反對當時最
有名的教授──黑格爾的學說，無論在學術地位上或選課學生的數目
上，都受到非常大的打擊，因此叔本華退出講堂，而專心著述，至死
為止。

　　㈡著　作

　　叔本華的著書，大都站在個人意識的立場看世界和事物，他最主
要的作品有：

　　《世界就是意志和想像》(*Die Welt als wille und Vorstellung*, 1819)

　　《倫理學的二個基本問題》(*Die beiden Grundprobleme der Ethik*,
1841)

　　《附錄與補遺》(*Parerga und Paralipomena*, 1851)

　　叔本華的代表作是《世界就是意志和想像》，書中特別強調知識對
象的主觀性，因而奠定了主觀主義的基礎，而且在代表作開始的第一
句話就說：「世界就是我的想像。」顯然地是超過了唯心論，而進入主
觀主義的領域之中。

㈢學　說

要研究叔本華的學說，最重要的是他在生活中的心態，這種心靈狀態直接影響了他的人生觀和他整個的哲學體系，因而我們要研究叔本華的學說之時，要注意他的生平以及他生平中的一些遭遇。因為叔本華的出身是貴族家庭，所以使他在追求舒適的生活上，帶有濃厚的患得患失的心情，而且常常幻覺到有人向他攻擊，謀財害命，因此他經常配帶手槍，理論上說是防身，事實上是滿足自身的安全感。

關於這種安全感，叔本華最主要的表現，是他在日常生活中對於疾病的防患，身體的任何不適，都會趕緊去找醫生，非要醫生的確承認自己是在患病之中，否則不肯罷手。在對他人的看法方面，叔本華總是認為別人有惡意，別人在每一種事情上都比自己運氣好，因此他常常懷疑別人，不諒解別人，這種性格造成叔本華極端悲觀的人生觀，凡事都往壞處看，都往壞處想，對自己的前途採取悲觀的命運。

但是在另一方面，他非常努力，希望改善命運，因此叔本華的內心是非常矛盾的，荒謬的，不可理解的，整天在內心裡受著痛苦的煎熬，可是卻不肯面對著自己的情況，去尋找悲觀思想的來源，所以他也不敢證實痛苦，更不曉得自己未來會變成如何；可是在另一方面，叔本華在各種痛苦的煎熬之中，他也表現出自己堅強的地方，他希望能夠在很清楚的思想當中找尋出路，因此他也建構了主觀主義的哲學，設法替自己的宇宙觀和人生觀辯護，這種想法，我們稱之為主觀主義，因為他希望在學理上，找到他自我超越的途徑。

當然，在具體的生活中，叔本華也在尋找一種解脫，他很容易消磨時間在藝術上，尤其是聽音樂、吃館子、喝酒，皆有濃厚的興趣，我們現在所知道的，叔本華除了吃、喝之外，最有興趣的就是女人，

在叔本華的生活中，女人、酒、音樂成為不可或缺的三位一體。

也就在飲食與嫖的生活中，叔本華養成非常自私與殘酷的個性，不但對他人失去了信心，甚至對於自己也不信任。

叔本華自己分析自己的哲學，以為「良心」有五種成分構成：「習慣、先見、空虛、怕神、怕人」，而且以為這五種成分完全是主觀的，這剛好構成了他主觀的哲學；他還認為，有對應這五種思想成分的哲學，比如說對應於「習慣」的是柏拉圖的哲學，對應於「先見」的，叔本華以為是經驗主義的想法，尤其是英國經驗主義的大師——休謨的主張，對應於「空虛」的，他以為是來自東方的印度哲學，因為印度哲學主張世界是虛幻的，一切都是空的，對應於「怕神」，就是德國觀念論大師——謝林的「統一哲學」，對應於「怕人」，叔本華以之為康德哲學的特性。

這樣依照叔本華的自我思想的分析，他思想的來源有五種成分，而這些成分有東方哲學和西方哲學，有傳統的思想，也有當代的思潮，如此在理想的層次上，他接受了柏拉圖的思想，在實行的層次上，他採取了康德的先驗意見，在主觀的考察上，他繼承了謝林的哲學，在客觀的體驗中，他接受了休謨的見解，在神秘的人生體驗中，他向印度哲學學習宗教的情操。

叔本華的思想，很清楚地分為兩部分，即分為前期與後期；他的前期充滿了苦難、憂傷、失敗、悲觀的思想，在他自身豪奢的生活中，以酗酒和美人來平衡自己內心的不安，是一個思想墮落、人生灰色的時期；但是就在他著作的思想中，也可以看到叔本華在絕望中對真、善、美的呼喚，對希望的追求和努力，因而從第一期開始設法擺脫絕望的束縛，而種下了後期思想的原因。

第二期的思想，完全是兩過天晴的喜樂，從絕望走上希望，從悲

觀走上樂觀，從個人的極限走上宇宙的偉大，叔本華的後期思想，最主要的成就，是個人覺悟出自身的極限和渺小，可是他也能夠體悟佛學的精神，自己有如一滴水跌入浩瀚的大海之中，把自己的存在和存在本身結為一體，如此分受了無限和永恆。

在早期的思想中，叔本華最先的想法是「世界是我的想像」，這句話的哲學意義是指一切都是主觀的，這種學說當然是叔本華在自己生活上的感受；當一個富商所過的享受生活對快樂的看法，尤其是經過許多體驗以後，總以為沒有客觀的標準，所有的東西都是主觀的想像，世界的一切只要進入人類的知識對象之中，就都成為人的意志和慾望；我們在感官世界所獲知的一切，其實在叔本華看來，都是主觀意識所產生的。

感官所接觸到的一切，其實都是虛幻的，都是理念界的影像，「世界是我的想像」中的「我」，不是客觀的代表，而是主觀的代名詞，這感官世界是我的意志所生，是我的想像，因此「我」才是世界的重心，「我」才是世界的造物者，世界的一切都在我的意志之下存在，並且繼續生存。這種主張是把自我主義在本體論和知識論的範疇中推到了最高峰。

在學理上，這種想法還沒有什麼壞處，可是主要的是落實到倫理上的時候，就變成了支持叔本華自私生活的基礎，因為如果世界只是我的想像，我就成為世界的主人，我愛怎麼處理世界，就如何處理世界，然後由一般的世界過渡到世界上的個別事物，從事物轉移到人，如此叔本華自私的性格和行為都獲得了哲學的支持，他可以無所顧忌地為了自己而犧牲他人，也就是說，他可以良心很平安地把自己的幸福建立在他人的痛苦上面。

這種主觀主義所導引出來的社會，當然就不是安和樂利的社會，

人與人互相利用、競爭，至少是明爭暗鬥的局面，這麼一來，人生在這個世界上就成了受苦受難，荒謬的，因此人生沒有意義、沒有價值。

叔本華越在主觀學說中打轉，就越覺得世界沒有價值、沒有意義，也就在他這種虛無主義的感覺上，更體驗出一切都是主觀的，如此就變成了一種惡性循環，到最後就成為整個主觀主義的內容。

可是叔本華很僥倖的是沒有完全停留在這種悲觀的想像中，他還是設法努力，他分析人的特性的時候，覺得人的良心固然是自私的、惡意的，可是也有惻隱之心，人透過自私和惡意，會危害社會、危害人類，同時也使得自己不平安，可是人有惻隱之心，當他害他人至某種程度時，或者自己已感覺到痛苦的來臨不只是別人在承受、自己也在承受的時候，就覺得應該從這種思想走出來，在惻隱之心的體驗中，叔本華已經慢慢地領悟到「施比受有福」的真理；而更主要的，叔本華本身的體驗，一旦解脫了自私的束縛，立刻就有了內心的平安，憂懼與煩惱也就雲消霧散，就憑了這一剎那的體驗，叔本華走出了自己的困境，步入了另一種境界。

這另一種境界，就是他「萬物一體」的設計，所謂「萬物一體的設計」，是叔本華用不著離開主觀主義的範圍，用不著丟棄意志優位的說法，對「世界是我的意志和想像」也用不到改變，而真正改變的只是叔本華心靈對於人和事的態度。首先叔本華反省自己生活的體驗，各種自私的心境和各種自私行為的效果，這些心境和效果不但指出了人與人之間的交往，而特別指出在自己的反省行動中，在自己獨處的時候內心的一種感受。

當然叔本華所體驗到的，在每一次自私的行為之後，給自己帶來了內心的煩躁和不安，絲毫沒有給自己帶來舒適和快樂的感覺，因此叔本華開始詢問：我們的行為究竟是為了什麼？不是為了在設計、創

造幸福快樂的人生，既然自私和惡意無法給人類帶來幸福，反而使人不安和焦慮，為什麼人要自私和惡意呢？相反地每一次惻隱之心以後，內心會感到平安和寧靜，我們人類為什麼不去過一種惻隱的生活呢？問得更具體一點，就是每一個人都會感覺到「施比受有福」的原理，為什麼我們要佔有而不去施與呢？

在這些探討之後，叔本華開始構思整體宇宙的奧秘，他以為宇宙是一個整體，萬物是一個整體，個人的存在在這個萬物一體之中只是一小部分，只是滄海一粟而已，叔本華認為所謂的自私行為等於自殺，有如一個細胞要離開母體而存在一般；也就在萬物一體的這種宇宙真相中，人的存在目的是如何溝通思想，使人與人之間、使人與物之間不發生衝突，而過著一種和諧輔助的生活，對人類仁愛，對自然和諧的一種人生觀，才是人類真正追求的一種境界。

萬物一體的真相，是要人類憑藉自己的意志和想像去發展的東西，而自私是每一個人把自己當成是單獨個體的一種假想，是每一個個人的個體要從整體裡面分裂出來，因此也會喪失生命。萬物一體的意義是指宇宙間一切都是一體的，屬於有機的一體，同有一個生命，共屬一個存在，而萬物相互之間的一切差別相只是表象、現象，這一體是本質，是實體，這也就是叔本華後期哲學把宇宙和人生合而為一的想法。並且更進一步，他不但把人和宇宙萬物之間的存在合成一體，並且把人與人之間的關係變成一體，這種本質唯一、本體唯一、只有現象雜多的學說，不但在學術上支持了叔本華的主觀主義，而且也的確把宇宙論和人生論熔為一爐，這是人生哲學中最高的一種天人合一、物我合一的境界。

叔本華由於這種思想，於是在他的倫理學設計中，如果一個人再個體化、再自私的話，損壞的不是別人的東西，而是整體的存在，更

直接地損壞了自己，因為自己的個體化而離開了整體的存在，於是叔本華說：萬物一體的學說，很清楚地告訴我們，欺負他人就是欺負自己，損害他人就是損害自己，人與人之間的鬥爭，就是走上全人類的毀滅之途，個人的自私就是自己毀滅之途，萬物一體所指出的，人生在天和地之間，就應該與天地合一，人與人之間，應該如同是肢體與肢體之間一樣，如手足般互助合作。

有了這種萬物一體的認識和信念之後，叔本華開始走出自己的困境，內心有莫大的平靜與平安。於是叔本華的哲學體系，畢竟走出了自私的、個人的，轉變成友愛的、全體的，由悲觀的轉變成希望的，因此叔本華本人的人生哲學，開始把世界看成有價值的，把人生看成有意義的，而它的意義和價值在於萬物一體的體認；這種形而上的萬物一體的體，呈現出來的正義和友愛是用，人生在世，如果要分受萬物一體的話，應該在倫理道德上實行正義和友愛。

第二章　宗教與反宗教的對立

　　西洋自從文藝復興與啟蒙運動之後，雖然人性似乎有些覺醒，而民族意識也漸漸地抬頭，可是他們所反對的羅馬中央集權，同時也把基督宗教的精神削弱了，一方面要回到希臘時代的人本主義，另一方面卻要排除外來的文化系統，因此在發展人文的途中，不得不減少外來的宗教情操，所以反對宗教的氣焰一天天地增高，這種反對宗教的思想，從文藝復興開始，一直到十九世紀的後半期，發展出尼采的哲學以後，到達了最高峰；當然尼采的哲學，在好的一方面是使人性獨立於一切倫理與宗教的束縛，而單單站在人性的立場自己超昇或超度，發展到超人的地步；可是在另一方面，尼采的哲學由於是反宗教的，由於他認為德意志民族是最高尚的民族，所以他鄙視其他民族，特別是鄙視發展西方基督宗教的猶太民族，致使二十世紀的希特勒專制的時候，可以不眨眼地殺了六百萬的猶太人。

　　西方民族意識的畸型發展，尼采的思想可以說是發展到了高峰，尼采的哲學一方面是發展個人超人的意志，另一方面發展了德國的民族意識；西洋的民族主義通常認為自己的民族是全世界最優秀的民族，因此有權利欺負他種民族而奴役他們，尼采哲學是一個典型的代表。

　　在另一方面看，宗教情操的沒落畢竟是人性的一個很大的損失，也就在西洋十九世紀的前半期，也有一位丹麥的思想家——祁克果，重新站在人性的立場找到宗教的因素，而祁克果通常被稱為存在主義的宗師，也有人把尼采作為存在主義的先鋒，這兩位思想家，一位站

在宗教的立場，找到個人的存在，另一個站在反宗教的立場，也同樣找到個人的存在。

　　當然我們在西洋哲學的研究上，總是要問究竟那一條路真正地找到人的存在？祁克果的生平前面一段充滿了矛盾，憂鬱荒謬和憂慮，可是當他找到宗教的情操以後，慢慢地覺得心靈已經開始平安了，認為自己生活在幸福之中；而相反地，尼采在前一段生活裡，還認為對於人生和個人的超昇，懷抱著很大的希望，而覺得阻礙這種希望的是宗教和宗教裡的上帝，因此他也開始宣示上帝死亡，可是最後我們卻知道尼采在一八八九年開始發瘋，瘋了十一年以後，到一九〇〇年，恰好踏入二十世紀的時候就去世了。

　　所以西洋人也有這麼一句笑話：尼采一直宣佈上帝的死亡，上帝不太去理他，可是有一天上帝宣佈尼采的死亡，尼采卻真正地死了。一個人的思想發展到最後的時候，無法找到出路，竟然發瘋，這種思想站在宗教的立場去看的時候，當然是愚不可及的；我們在此不可埋沒尼采對於個人超升，對個人自身選擇自己的倫理道德規範，這一點對於二十世紀的人類有很大的貢獻，但是在另一方面，對於群體的宗教信仰，對於個人的宗教體驗，尼采的觀點似乎是太激烈了一點。

　　我們現在分節探討祁克果和尼采的思想。

第一節　祁克果的宗教觀

　　祁克果（Sören Kierkegaard, 1813～1855）的宗教觀並非由於他從小學習到的一些東西，而是他自己探討自己生命的時候所感受的，所思想出來的深思熟慮的結論，祁克果的生平及著作，整個思想體系，都是在追求自身的存在，如何生存在這個世界上，或生存在人與人之

間保存自己的存在，而且使得自己的存在超昇，或為完美的一個人；在祁克果的思想，我們雖然說他是贊成宗教的想法，這種宗教的想法，並非傳統的宗教，不是屬於教條式的宗教，而是祁克果內心所感受出來的，屬於個人內心的信仰。

㈠生　平

祁克果一八一三年生於丹麥首都哥本哈根，累世信奉基督新教，由於罪惡感使得祁克果對於家庭環境有無法理解的裂痕，他自幼便遭受到「例外」和「孤獨」心靈的苦楚，他覺得「例外」，因為他稍長的時候，發現自己是父親強暴下女而產生的一種過失，不是和普通人由於父母愛情的結晶而產生的一樣，他認為自己「例外」，當他有這種「例外感」的時候，他就無法與他的家人或父親有任何的交往，他的母親的早逝，也是一個主要的原因，使得他覺得孤獨，因而在心理上，他是屬於早熟的典型。

就在他上大學唸書之後，他也因此特別重視哲學和神學的問題，總覺得自己應該在思想上找到一條出路，大學畢業以後做新聞記者，寫專欄文字，並且特別批評當時的教會、社會、教育等各種制度，特別提倡內心才應該是各種制度關心的問題，而不是表面的社會幸福；祁克果在工作中結識了蕾其娜(Regine Olson)小姐，不久付託終身，但是因為祁克果內心遭受到宗教的困擾，常常覺得無法將內心的苦楚傳達給對方，而毅然決然地解除婚約；這種嘗試可以說是祁克果在感性上，設法解除自己內心痛苦的一種方法，他希望能夠在人與人之間找到一種解脫，他失敗了，因為當他設法把自己內心的苦楚告訴未婚妻的時候，當時的蕾其娜只有十七歲，當然無法了解祁克果所謂的他怕下地獄，他是「例外」又「孤獨」的，他自己有兩個原罪，一個是亞

當犯的，一個是他爸爸犯的等等的思想。

祁克果既然覺得他的未婚妻無法了解他的內心，因此覺得不應該把自己痛苦的一生，由這位少女一起來負擔，而解除婚約；在解除婚約之後，祁克果本身並沒有覺得平安，於是他轉而在理性上，在高一層的人性生活上去追求解脫，所以他赴柏林唸書，希望在哲學上、思想上尋求一種解脫；不過很不幸地，祁克果到了柏林之後聽了謝林的課，後者為德國觀念論的大師，一切都放在觀念的體系之下，一切都是理想的，和現實沒有關係，因此祁克果在求學期間，根本就得不到內心的平安，於是失望地重新回到丹麥，過著他新聞記者的生活。

然後他能夠在古典的宗教情操中，在自己的內心中所崇拜的上帝找到了一條出路，他以為人的內心唯一的一條出路，不是他與人的關係，也不是自己理性的關係，而是在自己的內心與上帝交通，才能夠尋獲個人的存在和個人的平安。祁克果的一生都在關心自身存在的東西，都在設法實現自己的存在，宗教情操的體驗，可以說是祁克果心態的反省，以及對於傳統文化的再肯定，這種反省和再肯定，是跳過當代和近代一切人文主義的解釋，而直接地回到希伯來的虔誠信仰之中，以個人自身單獨地與上帝的交往，當做是個人存在的基礎，同時是個人實現自身存在的最終理由。

由於內心的奮鬥，以及各種情緒的困擾，對死後、來世的各種怕懼和憂慮，使得祁克果在盛年的時候早逝，死時僅四十二歲。

⑵著　作

由於祁克果特別注重內心的生活，而作品與思想的進程是相輔相成的，一八四八年，他出版了一部《我的著作生涯》，書中分析自己著作的分段，從感性的作品開始，經過過渡期的作品，達到宗教性的著

作，形成一種系統，把祁克果的思想歷程完全地描繪出來。

在感性的作品中，祁克果描述自己內心與環境衝突的深度感受，他與父親的不諒解所引起的痛苦，以及與蕾其娜解除婚約以後的空虛，還有在柏林聽哲學課的失望，使得他的心靈遭受過分的壓力，於是寫了：

《或此或彼》(*Entweder-Oder,* 1843)

《怕懼與戰慄》(*Furcht und Zittern,dialektische Lyrik,* 1843)

《憂懼之概念》(*Der Begriff der Angst,* 1844)

《哲學斷片》(*Philosophische Brocken,* 1844～1846)

這四部書中，都敘述了自身對於「存在」的感受，當然從一八四三年出版的《或此或彼》開始到一八四六年為止，其間經過的時間不過三年，在這短短的時期中，他已經發揮了著述的天才，竟然能夠把自身對「存在」的感受寫得恰到好處；這種講法似乎有點勉強，原因是所有的感性作品，都蒙上了悲觀、絕望的色彩，這種悲觀和絕望的來由，是因為人類在現實生活中，太過於重視眼前的生活，在追求快樂的人生中，人類成為享樂主義者，只顧享樂，並非絕大的害處，但是在享樂中忘記了自身的地位尊嚴，而在人性的尊嚴與享樂兩者之中去抉擇，常常使人設法二者兼得，但是祁克果在《或此或彼》書中，指出人性的極限，他以小說的方式，指出人性在超昇自己的活動中，永遠要跳躍感性的藩籬，走上倫理道德的層次。

祁克果以婚姻生活的意義來解釋人生存在層次的體驗，婚姻對象的尋找與追求，是初步的感性生活，這種感性是悖理的，超理性的，也可以是非理性的，可以是憑一己一時的衝動，但是這種衝動卻會受到倫理道德規範的束縛，而把一時改變成永恆，當雙方的愛從時間超度到永恆的時候，存在就從感性走上了倫理；在感性的生活中，人性

總是活在不安中，時常有憂懼與絕望的情緒所困擾，但是當人性的存在層次被提昇到道德的水平之時，內心就獲得了平安。當然這種平安是個人內修生活中不斷地努力、超度的結果。

在《怕懼與戰慄》一書中，祁克果提出人性超度的可能性，不但從感性超度到倫理，還能夠從倫理超度到宗教，甚至可以作一種跳躍的超升，也就是直接從感性跳躍到宗教，甚至還可以用不到透過感性，而人直接地跳至宗教的層次上面。

祁克果以《舊約》中亞伯拉罕的故事來解釋這種跳躍的實踐，因為亞伯拉罕無論是站在感性的、倫理的立場，都不應該殺自己的兒子來祭獻上帝，可是上帝向他作了如此的要求，他因此可以擺脫感性的和倫理的層次，而直接跳躍至宗教的層面。

在《憂懼之概念》一書中，祁克果發展了西方基督宗教對於「罪惡」的概念；「罪惡」在神學上的解釋，與哲學上的解釋，都使得祁克果有深深的同感；因為他覺得自己的自由受到損害，自己抉擇自己所不喜歡的事情，而自己所喜歡的，卻無法去抉擇，因此人性的墮落成為一種必然的事實；在這種人性的墮落中，祁克果認為要超越、超升的話，只有一個方式，就是藉上帝的能力、大慈大悲。

但是在另一方面，祁克果同意中世思想大師奧古斯丁的想法，「如果我墮落，我就存在」，所以祁克果雖然在自己的感性著作中，充滿了憂鬱和苦悶，可是至少他能夠找到的一點，就是他自己已經開始存在。

《哲學斷片》是綜合上述各種學說的總綱，指出人性存在的層次有三種：感性的、倫理的、宗教的；而在所有的存在層次當中，宗教的層次是最高的層次，因為它能夠從人性超度到神性，從人性超度到神性之中的媒介就是耶穌基督，因為祂是人、又是神。

以上為祁克果第一期的作品，在此期中的作品，所把握的重點，

是現實的存在，人如何描寫自己在這個世界上存在所感受到的各種模式，這種感受的描寫，目的不在於這種感受的體認，而是在於如何超脫這些感受，這就是祁克果第二期與第三期作品的任務。

　　第二期是過渡期，也是祁克果自稱的轉振點。一八四六年所出版的《哲學斷片》及《最終學術性附筆》的兩部大作，描寫祁克果從倫理道德如何提升自己，更進而提升到宗教的抉擇之中。人性自身無法超度自己，這是西方基督宗教最主要的教義之一，那麼人應該怎麼辦？是否以迷失或荒謬來否定自己的存在、來摧殘自己呢？還是另外設法在極端的絕望中，保持對希望的信心？祁克果選擇了後者，以為西方傳統宗教中的上帝，確實參與了人類的歷史，而耶穌基督的模範就是具體的上帝，就是在人類的歷史當中的一個救世者，人類也唯有透過祂，才可以找到與上帝存在的具體途徑。

　　這種具體的途徑，在祁克果一八四四年出版的《憂懼之概念》中，已經講得明白，在此書中，祁克果把宗教分為兩種：一種內在的，稱為「自然宗教」，這「自然宗教」所發展的主要是倫理道德與追求到內心的平安為依歸；另一種是特殊的宗教，是啟示的宗教、或是制度的宗教，追求人神之間的交往，以耶穌基督為信仰的中心，也就因此啟示宗教的信徒，稱之為「基督徒」，因為他們都以耶穌基督為模範，通過祂，走上天父。

　　此種過渡時期的作品，所導引出來的結論，也就是第三期要完成的目標，祁克果指出如何成為一個基督徒，因此第三期從一八四七年開始，就專門以宗教著作為中心：

　　《宗教心理學上愛的行動、致死之病》(*Die Krankheit zum Tode, eine christlich-psychologische*, 1849)

　　《基督主義訓練》(*Einübung in Christentum*, 1850)

雖然在第一階段的作品中，祁克果已經指出了今後哲學當走的方向，可是祁克果自己還是在倫理道德中繞圈子，他最多只涉及到一般自然宗教的本質，還沒有進入啟示宗教的殿堂，也就是沒有具體地提出人而神、神而人的耶穌基督。第三期作品所指出的課題，是如何成為一個基督徒，這就是宗教著作的全部內容。

《致死之病》指出「哀莫大於心死」的原則，以為絕望是人性存在的最大敵人，這就等於但丁在《神曲》中寫出地獄的本質，在地獄的門上寫著：「放下你的希望」，意思是指進入地獄的人，什麼都可以帶進去，唯有希望帶不進去，因此在地獄之中沒有希望，這種悲哀當然是一種沒有希望的悲哀，也就等於「哀莫大於心死」的原理。

祁克果認為失望、絕望是人類最大的敵人，只要人走進了絕望的圈子裡去以後，就再也走不出來了，因此他在《基督主義訓練》那本書中，特別指出人類從心態上要變成一個基督徒的話，最主要的是對耶穌基督的信念與信心，這也是西洋基督宗教最主要的教義之一。

從祁克果的著作內容以及內容的分類上，我們可以很清晰地體驗出他的哲學思想，只是通往神學之路，於是他所主張的是宗教的人生觀；如此在祁克果的哲學分析中，我們可以看出他的方法的運用，以及方法運用背後所尋獲的人生內容。

(三)思　想

在祁克果的自述中，我們很清楚地可以看出其思想進程，最先是體驗存在，在生活深度的體驗中，感受到自身的例外與孤獨，進而陷入憂懼和絕望之中；在這種體驗中，祁克果並不肯因此放棄自己的希望，而是積極地探討人生的意義，在這種決定中，於是進入第二個思想的階段，就是批判存在。

　　他用可以理解的層次，一層層地深入到我們存在的意義和價值，從可以理解的層次漸漸地進入不可理解的層次，而且利用人的自由，在理知的世界中設法理清人生的荒謬，就在理知的批判中，慢慢地覺得人唯有依恃希望才可以生存之後，因此積極地計劃實現存在的階段；這個階段以後，可以說是進入了宗教式的完成自己。

　　祁克果的哲學在體驗中帶入批判，批判中帶入實行，體驗存在是經驗的，批判存在是屬於理性的，而實現存在就要人去實行；所以祁克果的哲學集合了經驗、理性和實踐三大部分的大成，也就是祁克果提及的感性的、倫理的、宗教的三個層次的表出，我們現在分開來討論祁克果三種思想的層面：

　　甲、體驗存在

　　在存在的體驗中，絕望的情緒佔據了祁克果的整個生活層面，他自己深深地感覺到自己的存在是乃父強暴下女所得出來的果實，並不是由於父母愛情的結晶，於是直接感受到自己是「例外」；也就因為他從小接受了宗教的教義，因此認為自己有兩個原罪：一個是亞當犯的，另一個是自己的父親犯的，所以自己認為死後會下地獄；這種對未來的絕望，形成他的憂鬱和怕懼的心態。

　　因為他對未來絕望，所以設法把這個責任推到父親身上，在家庭生活中找不到傾吐心聲的對象，也就是說，他的心理無法得到平衡，他的母親早逝，也是使得祁克果感受到孤獨的最大原因。這種孤獨的心態，本來是由於心靈的封閉，祁克果的心理本來是不封閉的，可是卻沒有傾吐的對象，這種傾吐的對象，最後他幾乎可以說是找到了，即他的未婚妻蕾其娜，結果蕾其娜無法接受他的傾吐，無法與他的心靈相通，他這種努力又遭受到完全的失敗。

　　甚至後來在哲學上尋求解脫，也沒有成功，這是他在體驗存在中

所遭遇的失敗；不過主要的是祁克果沒有灰心，希望能夠在絕望中找尋希望之光。

乙、批判存在

「批判存在」是祁克果最主要的思想轉捩點，他用冷靜的頭腦點破自身存在的藩籬，存在是有層次的分類，而且是可以跳躍的，不必要經過感官的層次，而可以跳到倫理的層次上去，可以不必通過倫理的層次，而直接跳躍入宗教的層次當中，因此祁克果站在自身原有的立場，希望能夠直接向宗教的情操那邊跳躍。

「批判存在」雖然佔了很大的理性成分，可是最主要的還是在絕望當中的信心，這信心也是後來存在主義從荒謬走上仁愛，從絕望走上希望的一條最主要路線，這條路線是由祁克果所開創的。

在「批判存在」的整個思想進程中，是針對著人性心靈的絕望、以及灰心、失望，而提出有理性的變化可能性，因此祁克果在思想上最大的貢獻，是認定個人的存在，個人的命運不是一成不變的，他的環境、家庭背景或他的心態都可以是悲觀的或悲慘的，但是這種命定的東西卻不是真正的自己，真正的自己是使得自己如何脫離環境的束縛，而走上理想的我；也就是說，一個人如何對未來有一種設計，這個未來並不是在他的掌握之中，但是他總是可以為這個未來設計，在現在為未來設計，就成為人生存在這個世界上的意義，也就成為人要變成自己的最主要動力。

祁克果採用了命運悲慘的概念，可是卻加上自身的天生自由，因此他能夠說出「存在先於本質」，因為每一個人的存在都是命定的，在時空的束縛之下，屬於特定的民族、文化背景，可是本質是人自己可以為自己的未來設計，自己要成為怎麼樣的一個人，是自己掌握在自己的手中；因此祁克果為自己的存在指出了一條大路，人只要在認識

自己的事功上，開始用自覺和自由去超度自己的話，他就能夠擺脫各方面的束縛。

丙、實現存在

祁克果的思想發展到這個地步之後，漸漸地感受到自身能力的不足，也就是說，當他發現自己超度的可能性之後，也發現自己另外還有一個墮落的可能性，這種墮落的可能性，在西方傳統的名詞稱為「原罪」；人性不但有自我超渡的力量，同時有自我毀滅的傾向，祁克果在自己的生活之中，深深地感受到這「原罪」的遺害，所以他唯一超昇的方式，是要憑藉上帝所賜的恩寵，而這個恩寵的本身就是耶穌基督；因此他提出人實現存在的唯一法門，就是如何成為一個基督徒。

也就是說，祁克果以為一個完美的人固然有許多的因素，固然可以從很多方面去討論、批判，可是最主要的，是一個人在上帝面前的存在，一個人的價值完全在於他與上帝之間的關係之中，跪在神前，就成為祁克果人生哲學最終的原則；上帝所願意的是理想的我，但是我們卻由於罪惡的羈絆，常常有私心要實現我的理想，祁克果在實現存在中，指出理想的我和我的理想互相衝突的時候，要用自由揚棄我的理想，而選擇理想的我。這就是所謂的本質、人性，也就是神前的一種存在。

在祁克果的哲學中，實現存在以後的一種新存在，就是宗教性的神聖，是把人性和神性聯合在一起，而這個模範就是又是神、又是人的耶穌基督。上帝的國是在人的心靈之中，祁克果深深地感受到《新約聖經》上所給的一種原則，如果上帝的國是在人的心靈當中，那麼一個基督徒或新人都應該在心裡感受無限的平安，祁克果在自己的宗教情操中確實找到了這一點，在他思想的後期，祁克果至少找到了他內心的平安和快樂。

第二節 尼采的反宗教

一般人所認識的尼采，是提倡「超人」的尼采，在他反宗教的成果中，一般人也知道他是宣佈上帝死亡的一位思想家。

(一)生 平

尼采原名(Friedrich Wilhelm Nietzsche, 1844～1900)。生於德國的羅肯(Röcken)小村，父親為新教的牧師，但早逝，尼采跟隨母親成長，由於母親與生活圈子裡的婦女對於宗教過於虔誠，使得尼采頗為反感；他從小憎恨宗教與婦女，由於他的思想自小封閉，幼年的時候拒絕與同伴為伍，到了中學，到處顯示出反對權威的極端性格，所以他不管現實的一切問題，而把自己封閉於古典的文學之中，希望在古典的人文精神中，去找尋自己思想的出路。

所以在大學期間，選修古典的文學，並且特別選修神學的課程，對哲學也有很大的興趣，在哲學上，特別欣賞叔本華的思想，對性格的陶冶，十分欣賞音樂家華格納的造詣，二十三歲的時候，曾經被召入伍，但是學習騎馬的時候跌傷，也就因此常常覺得頭痛，直到死都未能康復。

年二十四歲之時，已經在文學上稍有名氣，受聘為巴色(Basel)大學古典文學的教授，可是因為華格納在音樂途中皈依宗教，尼采與之絕交，並且更變本加厲地反對宗教。尼采慢慢地在自己內心中蘊釀著一種奮鬥的體系，以為個人本身是一個獨立的存在，依著自己的意志能力，可以超度自己成為「超人」，而用不著宗教的助力，更用不著上帝的幫助，並且就在我們的生活當中，也用不到倫理規範的支持；一

八七〇年曾經再度入伍做軍中護理，一年後因病去職，一八七七年之後頭痛加劇，四處求醫無效，加上對教會的反抗，以及對於女性漫罵等情緒的壓抑，終於在一八八九年發瘋，住入精神病院，直至一九〇〇年與世長辭。

在尼采的生活中，最大的諷刺，莫過於一生中對於宗教和婦女的漫罵，可是在他發瘋之後，真正對他友愛的是教會的醫院以及他的妹妹。他的媽媽在他發瘋不久就去世了，妹妹犧牲了終生的幸福，陪伴這個發瘋的哥哥，表現了手足之情。

㈡著　作

尼采的著作可以分為三個時期：早期、過渡期與後期。早期的著作中，尼采開始為自己的新價值體系鋪路，在古典文學中尋找人性的模範，此期思想的典型是悲劇，指出一個人如何與無可奈何的命運搏鬥，有三部作品：

《從音樂精神論悲劇的產生》(*Die Geburt der Tragödie aus dem Geiste der Musik*, 1871)

《論吾人教育前途》(*über die Zukunft unserer Bildungsaushalten*, 1870～1872)

《未成熟之沉思》(*Unzeitgemäßer Betractungen*, 1873～1876)

在過渡期的作品裡，尼采從悲劇的感受中，突然化解，而轉進哲學的理論探討，用實踐的哲理去改造形上學，修正傳統的價值體系，此期也有三部大作：

《人性、太人性》(*Menschliches, Allzumenschliches*, 1878)

《晨曦》(*Morgenröte*, 1881)

《愉快科學》(*Die fröhliche Wissenschaft*, 1882)

後期的作品推出了「超人」的心願，而且是在「權力意志」的新
倫理道德觀念之下發展出來的，作品中對於教會、當時的制度、婦女
極盡諷刺之能事，也有三大部著作：

《蘇魯支語錄》(*Zarathustra*, 1883～1885)

《善惡之外》(*Jenseits von Gut und Böse*, 1886)

《倫理之起源》(*Genealogie der Moral*, 1887)

(三)學　說

就尼采的思想而言，我們在他的著作內容進程上，很容易地看出
其悲劇性的感受，就像祁克果的初期，是由於家庭環境的悲哀而陷入
矛盾與荒謬之中，覺得自己是「例外」的，覺得周圍的環境與自己的
生活格格不入，因此要設法解脫這種困境，設法超度這種現實，進入
自己理想的狀態。

尼采反對以外力來完成人性的基督教倫理，他同時有濃厚的民族
意識，同時覺得德意志民族應該是世界上最強的民族，為什麼在十九
世紀德國這麼倒霉，他尋找這個原因，認為德國民族本身要講「權力
意志」，可是因為它受到基督教信仰而講起倫理、信仰來了，所以德國
民族在世界上無法與其他的民族抗衡，因此他認為猶太民族是最劣等
的民族，他們闡揚了倫理道德，他們發展了宗教，所以按照西洋優生
學的方法，猶太人應該被消滅，而德國種族應該一直發展下去。

尼采固執著自己的這種信念，為這種信念生活，為這種信念發瘋，
更為這種信念死亡，尼采的第一種思想就是對這種生活的固執，然後
就是冒險，他要決定自己的信念，再勇往直前，毫不畏縮；尼采的這
些思想，可以說是淵源於三種的對立，這三種對立是生命與倫理、人
與世界、強者與弱者的對立。

甲、生命與倫理

尼采在生命的感受中，體驗出在自身之內，有兩種相互排斥、相互矛盾的力量，一種是自己本身生來的生命衝力，它要擴充生命，要維護生命的延續，會不顧一切地用強權的手段去發展自己的生命；但是另外還有一種由傳統文化來的力量，叫人要克制、自制，不要去欺負他人，不要用權力、要用仁愛；這麼一來，這兩種衝突的能力就在我們的一生當中，也就是使得我們的內心無法平安，使得我們世界人類的文化不能夠發展的最主要力量。

這裡很清楚地，尼采選擇了生命，他認為生命才是我們生來的一種自然東西，而倫理是後來才加進去的，倫理是一些懦弱的人打不過別人，所以發明了倫理說不可以打架，所以倫理是弱者的表示。在此尼采預設了生命才是人性的真相，生命所表現出來的衝力，才是人性的本質，唯有順著這種本質去發展，才能夠發展人性，才能夠完成自我；所有限制生命衝力的東西，都是破壞人性的劊子手。所以，尼采必然會反對倫理，要反對倫理之上的宗教，在西方當時的宗教，是耶穌基督的宗教，因此他宣示上帝的死亡。

乙、人與世界

人生在世界上，就註定了人在世界上的悲劇，也註定了人的命運，人的一切看起來都是命定的，環境決定了人的前途，尼采不甘心受著環境的支配，他要突破外在世界的束縛，完成自己的人性，所以他站在「生命衝力」和「權力意志」的前提下，主張人類可以無限制地利用世界的資源，在利用一切事物的時候，人性本身是最高的標準，他所追求的是權力意志，來利用世界，充實自己的理想；在人與世界的對立之中，尼采選擇了人，世界是可以任意被人所破壞的。

丙、強者與弱者

　　強者與弱者的對立，是由於人性是權力意志的前提，不需要顧慮到傳統倫理中的「應該」、「仁愛」、「善良」，因為人有慾望，他要完成自己的過程當中，自己就是自己的主人，而且自己也是宇宙的主人；可是在倫理道德的「應該」等誡命之下，人只是附庸，他沒有自由自主的餘地了，所以在這裡，尼采選擇了強者而摒棄了弱者。把生命的衝力當做是強者的象徵，把倫理道德當做弱者的表示。弱者在倫理中，都希望憑藉倫理來保護自己，可是強者不需要藉任何的東西保護自己，可以自己出來創造生命的衝力。

　　在這裡，我們可以看到尼采的思想，自小就養成一種心態，對世上所有的事物都看成對立的，所以在尼采的整個哲學著作中，找不到「和諧」的概念，也就是找不到「矛盾統一」或「對立統一」的概念。尼采自己在古典文學中找到了兩種弱者與強者的典型，一個是「垂衣裳而天下治」的阿波羅，一個是冒險犯難的迪奧尼西奧，前者是羅馬的君主，繼承了祖先的偉業，享盡一切榮華富貴，而迪奧尼西奧是波斯的一位王子，因為他不希望接受不是自己努力所得來的王位，離家出走，自闖天下；阿波羅雖然坐享其成，屬於成功的，可是他是一位弱者，而迪奧尼西奧雖然失敗，可是他擁有幸福，因為每一點一滴的事業，都是自己親自創造的。

　　尼采很顯然地是強調日耳曼民族的民族性，應該如迪奧尼西奧，而不是阿波羅的方式，這種阿波羅式的生活方式，是基督宗教的倫理道德，所以尼采站在民族意識的立場，反對基督宗教，而主張權力意志。當然在尼采的所有假設中，阿波羅式的生活因為有保障，一定會成功；但是迪奧尼西奧在命運之中搏鬥，成敗仍然是未知之數，所以尼采設計了人生的藍圖，以賭注的精神來解釋「超人」的哲學，他說：「人生在世，就註定了要選擇自己的存在，在一切悲劇式的荒謬與矛

盾之中，用自己的生命衝力與環境搏鬥，去創造未來，但是這個由自己奮鬥出來的未來，不一定在自己的掌握之中，因此每一個人在完成自己人格的努力，就等於一個賭注，從現實的此世去賭理想的彼岸，在此世與彼岸的中間隔著一道鴻溝，下面有無底的深淵，人生就好像馬戲班裡面走繩索的人，要不是走過去，要不然就是掉入深淵之中。」

尼采在此用了德國文學的文字遊戲，以跌下去一次為人生過程中的墮落，以「走過去的人」為德文「超人」(Übermensch)的意義；誰敢冒著掉下去的危險的話，就有機會走過去，成為超人，如果他連這個膽量都沒有的話，那他本身就是墮落的。

「上帝死了，只是我和你把祂殺死的，」這是尼采所說的一句話，它的意思是指當時的人性已經迷失了自己的信念，已經喪失了強者的風度，因此所謂的上帝和宗教，都已經被我們扼殺了。

顯然地尼采的這些思想，雖然可以說是淵源於三種對立，但是主要的還是他對生命的一種體認，尼采採取了三種不同的角度去考察究竟什麼是生命，生命是不是有什麼不同的層次。

⑴悲劇——

尼采首先指出生命是悲劇式的，因為人生來就不斷地追求幸福，可是最後卻發現幸福並不存在，存在的卻是我們在生命途中所嘗到的永無止境的失敗；這麼一來，人生來就追求，但是又得不到，所有的這種情形，豈不使得觀眾們為這種悲劇一掬同情之淚呢？

人生因此也就不是幸福的，而人生的前途也因此而變得黯淡無光，要受的苦一定得受，但是是否可以得到光榮，卻是未知之數。人生因為要在各種對立中選擇自己，要在各種不可能的情況中創造新的生命，要在虛無主義的絕望中找到希望，可是最後人生還是會失敗的，絕望的；尼采也在這種情況之下，講出人生的悲劇。

⑵奮鬥——

其次尼采更進一步認為，在個人自身覺得自己的遭遇是悲劇的時候，可是人自己本身對於自己的存在不能夠失望，還是應該利用原有的生命衝力，替自己的未來下賭注，這就是說，要以權力來代替「善」，要用強權來代替「公理」，因為他總是以為節制是弱者的行為，倫理是弱者的行為；於是在未來顯現尚未開始，一切的將來都隱藏在形而上的領域之時，用毅然決然的決策開始為生命奮鬥。這種權力意志的生命的表現，才是人的精神的表現，因為他才能夠選擇自己，又能夠引領自己走上未來。

⑶赤裸的存在——

生命的第三個角度，就尼采看來是赤裸的存在，因為一切的原始才是真相，俗世間已經把人的思言行為用倫理規範去緊緊地束縛著，一切的禮俗使得現世的人們失去了原始人的真誠，人面對著世界、社會，總會多多少少地掩飾自己，做不真、不純、欺騙的一些行為；一個人在社會中失去了純真之性以後，他的人性也就受到損害。

尼采以為要保存赤裸的存在，唯一的方法是要保存原先的赤裸的生命，以權力意志去推行和運用。尼采哲學的設計，認為誰遵循了上面提及的生命三個角度，就是「超人」。這「超人」的意思，是先假定人的進化，由動物而人，由人而超人，超人已經超脫了人生的所有束縛，尤其是解除了宗教的道德價值，以權力意志來實現自己的人；超人仍然是人，而不是神，因此雖然人超脫了世界的束縛，他仍然留在世界上，正如尼采在《蘇魯支語錄》中所描寫的，蘇魯支雖然自己認為權力意志和智慧都已經到達了超人的境界，可是他仍然要下降凡間去拯救他人，如佛教中的乘願再來，普渡眾生的菩薩心腸。

當然尼采在西洋哲學的貢獻，在於他個人對於生命的一種嚮往、

對生命的真誠，以及在生命中的奮鬥，可是尼采在西洋的哲學上，也有一些污點，這個污點就是他宣示了傳統的上帝的死亡，宣示人與人之間的仁愛道德的沒落。

第三章　自然主義與人文主義的對立

　　在西洋十九世紀的主流中，主要的是跟隨科學主義的口號，以為科學萬能，而且就科學的對象而言，也以為物質是唯一真實的，而人類生存在這個世界上，最主要的也是物質的條件，有物質的條件加上精神以後，成為經濟的條件，這種所附加的精神，畢竟還是物質所產生的東西。因此在西洋十九世紀的哲學對立當中，主要的仍是精神與物質的對立，注重物質的，莫過於自然主義的興起和發展，而注重精神生活的，莫過於人文主義的提倡。

　　西洋十九世紀後半期的思想，尤其是思想的主流，最主要的是德國的唯物論、法國的實證論、英國的功利主義和美國的實用主義，當然我們說從德國的唯物論之後，產生了共產主義，從實證論與功利論的共同發展而創生了進化論，這些共產主義和進化論的思想，在西洋十九世紀發展，對其他新興的國家，尤其是發展中的和新開發的國家而言，因為它們開始與西方白種人接觸，不但接受科學技術的文明，同時接受了他們的人文思想，所以也接受了他們的自然主義的傾向，這種傾向不但反對了每一個民族的宗教固有情操，也與每一種民族、國家的倫理傳統相違反，因此西洋十九世紀後半期的思想成為其他國家、民族二十世紀的思想主流，這種主流的發展，我們可以看出是直接承受了西洋原本的人文主義，也就是希臘的奧林匹克的競爭的思想，這種競爭的思想，本來就適於商業和工業的文化，而目前整個世界的潮流，都從農業步上了工業，也因此易於接受西洋實證、唯物、實用、

功利的思想，這些思想所產生下來的人生觀，一方面反對宗教的情操，一方面反對倫理道德的傳統，可是他們最主要的思想根本，還是共產與進化。

所謂的共產，是窮人出頭設法分掉有錢人的財產，所謂進化是否認人性中的神性，而肯定人性中的獸性，因為唯有肯定獸性之後，才可以使得鬥爭的行為得到合理的解釋，在倫理道德的生活上，可以不受傳統的束縛，也因此發展了所謂的新的自由主義，不受任何法律的束縛，也不管整個團體的秩序；可是雖然西洋十九世紀的主流是屬於自然主義的，屬於把人性拉回到獸性與物性之間，而忘記了人可以由於自己的本身宗教情操的超脫，可以把人性提高到神性的這一條路上。

但是也有另一方面思想的出現，如注重人類精神文化的人文主義，人文主義雖然在十九世紀的後半期，聲音非常微弱，但不是說沒有思想家在那兒大聲疾呼西洋的文化已經走上末路；這種人文主義的思想，對於後來西洋二十世紀文化的覺醒，有很大的貢獻，在西洋十九世紀後半期的人文主義中，特別舉出新康德學派，歸納形上學以及新士林哲學。

新康德學派繼承的思想體系，可以說是設法從自然主義的傾向，再回到人性的倫理道德層次，好使人從知到行，再回到信的宗教情操當中，很顯然的，康德學派的誕生，開始於西洋注重科學發展，而忘記了人性的尊嚴，尤其是忘記了人性自己修養的部分；康德學派所產生出來的德國觀念論，以宇宙整體的架構，設法把人安置在宇宙當中，人不但有自然科學可以統治物質世界，而且有倫理道德，可以提昇自己的人性，更有藝術與宗教的情操，可以把人的精神與價值往超越的境界推去。

新康德學派在與自然主義的對立之中，主要的是提出了倫理道德

是人性的根本，人唯有透過倫理道德，才能夠完滿人性；歸納形上學所注重的，是面對唯心、唯物的衝激當中，而設法用自然科學的方法，去獲得形上學的可能性；也就是說，由於唯物的辯證，使得人走上共產主義的偏狹之中；而歸納形上學的學者們，卻設法利用辯證，不是帶領人類走上唯物，而仍然走上形而上的領域，在這個形而上的領域中，設法建構倫理的、宗教的、藝術的層次。

新士林哲學直接承受了西洋中世哲學的思想，西洋的中世在哲學思想的發展上，呈現的是宗教的哲學，這個宗教的哲學不但是提倡了信仰的問題，而且直接承受了希伯來民族對於人性的尊敬與價值的肯定；希伯來民族對於人性的肯定，因為他們主張人與人之間天生來就是平等的，主張人與人之間的關係是仁愛與互助，新士林哲學在十九世紀後半期，發展了仁愛與互助的觀念，恰好能夠與唯物論的思想對立，後者主張人與人之間要鬥爭。現在我們就分節來討論人文主義與自然主義的對立：

第一節　德國唯物論

德國唯心論的極端發展，從康德注重倫理道德開始，一直到德國觀念論把倫理道德，藝術的才情，以及宗教的情操把人性推上了唯心的高峰以後，特別是德國觀念論最後的一位哲學家黑格爾，創造了絕對精神的思想以後，德國就有反對的學者提出唯物論的思想。唯物論在德國的發展，以及它整個的形式，固然接受了黑格爾的辯證法，可是它整個的內容卻以唯物取代了黑格爾的唯心，以絕對的物質取代了黑格爾的絕對精神。

當然西洋十九世紀中期，自然科學的進步和工業的發展，也在另

一方面人類的心態上支持了唯物學說的發展，由自然科學而來的、對於科學的信仰，也就支持了人類在心靈上傾向於唯物論。

德國的唯物論，可以很清楚地分為兩種：一種是辯證唯物論，另一種是自然科學的唯物論；辯證唯物論，是目前所謂的以哲學史的方式，作為唯物的一種辯證，也就是完全承受了黑格爾的辯證法，來證明唯物的特性；這種辯證唯物論的發展過程，恰好是黑格爾辯證法的過程，而只是以絕對的唯物來取代絕對的唯心，這種唯物論在哲學上有很特殊的地位，因為所有的共產主義國家以及所有的唯物論基礎，都由辯證唯物論所導引出來的。

辯證唯物論，我們舉出三個最主要的代表：費爾巴哈、馬克斯和恩格斯。

至於自然科學唯物論，並不是在理論上有那些支持唯物的辯證，而是用科學的方法來試驗出物質才是所有存在的根本，但是由於科學的實驗，只能夠舉出類似的證據，舉不出必然的論證，因此在哲學上無特殊的地位。自然科學的唯物論有黑格而、奧斯華、達爾文、拉瑪等等。

(一)辯證唯物論

辯證唯物論其實就是黑格爾左黨的意見和學說，他們利用黑格爾的辯證法來攻擊黑格爾的唯心論。這些黑格爾左黨的人，通常先唸哲學，然後進入到神學的領域，設法用哲學的理論，來反對宗教上神學的基礎，而反對宗教上神學的基礎，最主要的是證明上帝不存在，其若非用漫罵、諷刺的方式來說明上帝存在的荒謬，不然就是站在另一方面，以現今世界上的罪惡的缺陷，來說明上帝存在的不可能。

因而先把人性宗教情操的根本剷除，設法指出人生的目的只在此

生此世，而沒有來世的寄望，所以唯物辯證的方式才可以落實到這個世界上來。唯物辯證的首先提出者是黑格爾的學生費爾巴哈，從費爾巴哈發展到哲學的辯證以後，跟隨者有馬克斯與恩格斯，我們依序探討他們的思想：

甲、費爾巴哈(Ludwig Feuerbach, 1804～1872)

費爾巴哈是黑格爾的弟子，他也在黑格爾的門下得到博士學位，但是在博士論文中，已經顯示出他對於超越宗教起了懷疑，對於感官世界有了很大的信念，他在論文之中，盡量設法統一國家與宗教之間的對立，以為唯一的方式是把宗教的根挖掉，而要挖宗教的根本，是要說明上帝存在的不可能，並且使人性走上倫理道德的無意義。

費爾巴哈在一八三九年以後開始著述，直接反對老師黑格爾的意見，指出「絕對」一詞毫無意義，指出「絕對精神」這一名詞更無意義。他要改造哲學，因而徹底地建立感官論、自然主義、唯物論，他指出在黑格爾思想的形式中，雖然在「正」和「反」之中看出了「合」，但是這「合」仍然是唯心的「正」，它沒有真正的「合」的出現；因為費爾巴哈以為真正的「合」是存在和思想的「合」，而不是單單在思想中統一對立，統一矛盾的那種「合」的理想，在費爾巴哈的思想中，那種「合」是現世和理想的「合」，而不是理想當中的對立的「合」。

當然費爾巴哈最主要的思想基礎，是他把感官事物當做真正存在的，而且所有的其他存在是奠基在感官事物之上。費爾巴哈反對德國觀念論的另一個理由是，以為理性沒有特殊存在的地位，因為理性也不過是人的肉體的神經系統所發展出來的效果而已。因此費爾巴哈最主要的口號是要在人的認識能力上恢復感官的地位，在認識的對象上，恢復感官世界的地位。

費爾巴哈指出意識的產生，是由知覺而來的，而知覺的成立是完

全依靠感官的，所以感官才是我們認識世界的最主要官能，也是我們唯一的官能；可是感官的對象是什麼呢？當然是物質，於是他認為真正的思想是我們的感官，真正的存在是物質。當然費爾巴哈不但是停留在知識論上，而且在其他的學問上，連本體論，形上學也同樣地強調物質的重要性，他提出：「人吃什麼，就是什麼」。這句「人吃什麼，就是什麼」表示了唯物思想的最高峰。

當然我們在西洋哲學史的發展中，還記得在古代，即二千多年以前唯物論的最先創始人所提出的唯物對宇宙的解釋，被唯心論攻破了，那時候的唯物、唯心之爭可以說是西洋唯物、唯心的最早接觸，可是卻使得唯物論躺下了二千多年而起不來，現在費爾巴哈要報古代的一箭之仇，提出「人吃什麼，就是什麼」(Der Mensch ist, was er ißt)。因為在當時的辯論中，亞那薩哥拉斯曾經質詢德謨克利圖斯的說法，因為德謨克利圖斯說：「世界的一切都是原子變成的，而原子只有量的多寡，而沒有質的差別，所以每一種東西在質的方面都是一樣的，只有量的不同」，而亞那薩哥拉斯提出一個難題：「不是頭髮的，如何成為頭髮，不是肉的又如何成為肉呢？」這樣的話，德謨克利圖斯以原子的量解釋世界存在的公式顯然不夠恰當，也因此無法解答。

現在費爾巴哈說「人吃什麼，就是什麼」正好回到二千多年前亞那薩哥拉斯對於唯物論的責難，因為如果一切都是物質的話，無論人吃了什麼東西，也無論人吃了以後變成什麼，都仍然是物質的，而費爾巴哈的「人吃什麼，就是什麼」這句話提出人吃了物質的東西，所變的東西仍然是物質的，他所變的頭髮是物質的，他所變的肉也是物質的，肉和頭髮仍然可以用原子去解釋。

費爾巴哈本身不只是跟隨黑格爾唸了哲學，也跟著他唸了神學，所以他以黑格爾學生的資格，首先提出黑格爾的哲學是神學的變相。

因此他認為屬於黑格爾哲學的這個唯心的體系,不應該在哲學中生存,而哲學中真正的體系,是提出哲學不是抽象的,共相的,而是個別的,具體的,屬於感官知識的層次,所以費爾巴哈反對超越的宗教,設法建立起一種新的宗教,這種新的宗教,他給它們立了一個信條:凡是人性的、就是神性的。意思是指人和人的關係,本來就是神,人應該相信別人所說的,人應該對於感官有所尊重。

如此費爾巴哈就把西洋哲學中的神、人、物變為三位一體,而在這種三位一體的排列當中,仍然是有秩序的,費爾巴哈以為物質是最能夠存在的東西,可以發展為人,甚至可以發展為神。他所暗示出來的意義是,神的觀念是人所想出來的,是社會性的一種發展,人與人之間的關係,根本上就等於人與物質之間的關係,也是等於人與神之間的關係,費爾巴哈以為我們總是可以把唯物的思想當做宗教的信條。

因此他認為不但是人由物質進化而來,神也是物質透過人之後進化的東西。可是在哲學的價值上,費爾巴哈還是承認進化到末期的東西,價值還是最高的,所以他認為神的價值還是比人高,人的價值還是比物質高;可是依照本體論先後的程序,物質居先,人是由物質進化而來的,神是人進化而成的。

此種新宗教的目的,就是設法以這種屬於唯物的,屬於自然主義的哲學思想,變成一種宗教信仰,然後從這種信仰去影響政治,再由政治去影響人生。因此費爾巴哈在政治方面,以為人的本性就是合群的動物,就應該參加團體的活動,人的群體活動,也就因此由物質的經濟條件所決定,不是神的誡命或人的倫理規範所決定的。

這麼一來,由於人生來的本性就是合群的,而國家社會可以滿足這種需要,所以屬於傳統的宗教信念和制度的宗教是多餘的,在費爾巴哈的思想中,宗教和國家是互相對立,不可以同時存在,他認為在

這種情形之下，我們只好要國家、政治，而不要宗教信仰。

乙、馬克斯(Karl Marx, 1818～1883)

在德國的唯物論，首先有費爾巴哈提出的理論，馬克斯就在歷史中舉例。馬克斯生於德國特利埃(Trier)省，父親是猶太人，職業律師，馬克斯在大學期間已經深受費爾巴哈的影響，因此他脫離了黑格爾哲學的內容，而參與了黑格爾的左派，他用辯證的方法，跟隨著費爾巴哈，主張唯物論。可是馬克斯在「名」方面，比費爾巴哈更為顯著，開始時以記者為業，在德國報紙上寫些短評、專欄，然後到法國研究一些原始的唯物論，在法國時遇見了恩格斯，成為莫逆之交，然後同往英國，互相研究當時最熱門的勞工問題。

在一八四八年，與恩格斯在比利時的首都布魯塞爾發表了〈共產宣言〉。

馬克斯最主要的著作，當然是他的《資本論》(*Das Kapital*, 1867)。此《資本論》中，他提出了物質是生活的條件，而生活的條件能夠利用物質的是經濟，經濟的條件是影響人類最主要的因素，社會、文化的發展都依靠經濟，而且經濟的發展中，會使得勞工階級與資本家成為對立的，要解消這種對立，唯一的方法是工人起來革命，打倒資本家，工人要出頭管理工廠和經濟，趕走資本家，因為資本主義者只用腦指揮，而真正工作的是工人。

當然此種思想很有搧動性，因此馬克斯和恩格斯在比利時的布魯塞爾發表的〈共產宣言〉中，由於此種思想的基礎，以為未來共產的革命或工人的革命必然會在英國與法國。就馬克斯的思想而言，費爾巴哈是唯物論的作家，而馬克斯和恩格斯才是真正的唯物辯證論者。黑格爾的哲學從精神出發，以精神為中心，又回到精神的境界，是為絕對精神，這種方式發展了唯心論；馬克斯則以物質出發，由下而上

發展哲學體系，以後仍然回到物質，可以稱之為絕對的物質。

　　因此馬克斯的哲學，可以分為三個層次來討論：實際的、歷史的、無神的：

　　1.實際的

　　馬克斯觀察了當時的實際生活，覺得工業革命以後，勞資之間的競爭，主要的是為了爭取經濟的掌握權，他實際的效果，是設法從哲學導引到政治，再由政治去導引共產的革命，可是這種實際的理論是什麼呢？他是反對以費爾巴哈的理論為中心，反對他只以辯證的理論來闡明唯物的學說，而馬克斯認為要以行動來表示，以為資本家和工人的對立是「正」和「反」，而革命鬥爭了資產階級以後，而產生了共產主義是「合」，因此馬克斯哲學的目的是政治，而政治的目的是共產，他認為如果把所有私有的財產都充公了，政治的目的就達到了，而哲學也因此達到了目的，那麼哲學也就可以壽終正寢了。

　　在馬克斯的思想中，哲學的理論是有停止的一日，而鬥爭是沒有停止的，因為鬥爭是在社會之中發現勞資之間的矛盾，而矛盾會一直延續下去，因為就馬克斯的思想而言，資本家絕對不會心甘情願地把私有的財產繳出，而唯一的方式，是工人要起來革命，要把資本家趕走，把經濟的權力搶回手中，應該到達一個無產階級專政的地步。

　　很顯然的，馬克斯的哲學只有一個目的，就是要掌握政治的權力，而到達這種政治的目的，他提出的一種方法，就是「鬥爭」。這鬥爭，馬克斯稱之為階級的鬥爭，而且要一直鬥到沒有階級的存在為止。馬克斯的唯物論就是共產主義，他要以最實際的社會生活，做為哲學思辨的對象。他和恩格斯在法國、英國目睹了社會的不公平，勞資之間剝削的情形，認為社會一定要徹底地改革，因此才發表〈共產宣言〉，以哲學的思辨來支持他的學說，所以他的目的，表面上是要改善工人

的生活，他的哲學方法利用黑格爾的辯證，但是他實際的方法，是利用暴力去奪取資本家的財產，他要的不是使工人好好地生活，而是要工人出來與資本家鬥爭。

2.歷史的

在馬克斯的哲學思想中，他的辯證是屬於歷史的，應用到前後的社會中，以為人和人之間並不是和諧的，在歷史上看來，每一個朝代或年代都有戰爭，表示人性是崇尚於「鬥」和「爭」的事實，通常我們關於馬克斯的唯物論，有一種錯的看法，以為他的基礎是由「物質」出發，其實不然，馬克斯的出發點，仍然是「人」，把人和「產品」之間的關係做為問題的重心，他把經濟的關係做為社會的發展和哲學最主要的重心，說得更清楚一點，就是人與物之間的關係，才是他的哲學問題，這人和物之間的關係，馬克斯認為就是人類的整部歷史。

馬克斯所謂的「人」，不是「個人」，而是「群體」，是大多數的民眾；在這裡，他認為與人對立的，不是整個的自然世界，而是人和經濟關係的對立，工人和資本家關係的對立；人類的歷史，就馬克斯看來，永遠是階級的鬥爭，除了階級鬥爭以外，人與人之間沒有別的關係，人與物質間，也不會有別的關係，而這些關係的產生，都是由於人的經濟活動。

3.無神的

因為馬克斯首先提出「宗教是人民的鴉片」，唯有把神的觀念除去以後，才可以為自己打算，因此在馬克斯的思想中，不但要除去西方的基督教，他要除去所有的宗教信念，尤其主要的是從人的心靈當中，除去人的宗教情操，因為唯有人除去了宗教情操之後，才能夠真正地參加階級鬥爭，沒有良心的束縛，要真正地搞好階級鬥爭，不但要反對神，而且要反對一切超越的可能性，反對藝術的才情，反對倫理的

規範。

丙、恩格斯(Friedrich Engels, 1820～1895)

與馬克斯為密友，二人相識之後，就一直生活在一起，思想與著作往往被認為是相同的；在唯物共產的體系中，雖然大部分被稱為馬克斯主義，而事實上，在哲學上恩格斯對於馬克斯主義的貢獻要比馬克斯本人為大，馬克斯對於勞資間的衝突和矛盾，只靠觀察和推論，而恩格斯卻身歷其境，不但本身出生於小資產階級，還發展到以自己的資產支持馬克斯的生活以及馬克斯對於共產主義的宣傳；因為恩格斯自己本身是資本家，他擁有工廠，有足夠的資金來發展資本。

馬克斯的共產主義之所以能夠發展，不但在經濟上完全依靠恩格斯的支持，而在理論的發展上，尤其是他的《資本論》，由恩格斯補充完成，同時也由恩格斯出錢來出版。恩格斯能夠以自身所認識的工人，以及本身是資本家的體驗，真正地支持了工人革命的理論。馬克斯是在理論上，歷史的探討中成為唯物論者和共產主義者，而恩格斯則靠體驗來支持理論，有實踐的可能性，是真正的辯證唯物論者。

在他理論的表出當中，恩格斯也寫過一些著作，這些著作可以說是完全站在自己的經驗，對於勞資之間的衝突有很深、很密切的關係。恩格斯配合了自己工廠內勞資之間實際的問題，也配合費爾巴哈辯證的方法，所以結論出唯物論的宇宙觀，再以這種宇宙論應用到人生的哲學上，不但是贊成工人、無產階級的革命，而且真正地用從工人身上剝削到的錢來推動革命。

唯物進化的思想，從恩格斯實際的推動以後，被蘇聯的列寧所採用，因而推動了蘇俄的共產革命，也就是人類歷史當中有唯物以及進化的理論，走上共產主義奪權鬥爭的開始，這種辯證的理論，由恩格斯開始，漸漸地演變成蘇俄鬥爭的實踐，由蘇俄逐漸泛濫，先是歐洲

東部的一些國家，然後是中國大陸，使得億萬人過著非人道的生活，此種學說，尤其是以鬥爭反對仁愛的人生觀，仍然利用世界上的姑息與不經心，在不斷地擴展中。

(二)自然科學唯物論

在十七世紀開始之時，英國已經由於十三世紀特別發展自然科學的一些大學，漸漸地引起了自然科學的唯物論，這種風氣傳到了法國，然後再由法國傳到德國，使得唯物論不但有黑格爾左派的費爾巴哈、馬克斯、恩格斯的理論提倡，而且有一些自然科學的實驗來支持，這種支持的方式就是在自然科學上發跡的一些哲學家，其中有：

黑格而(Ernst Haeckel,1834～1914)

奧斯華(Wilhelm Ostwald,1853～1932)

達爾文(Charles Darwin,1809～1882)

赫胥黎(Thomas Huxley,1825～1895)

黑格而與奧斯華屬於單一論(Monismus)，主張「萬物一體」。黑格而以為一切都是一個實體，奧斯華以為一切都是能量；到了達爾文和赫胥黎二位思想家，他們觀察了非洲和澳洲熱帶地方的原始森林，當地的動物，生物變化的情形，結論出一切都在「物競天擇」的原則下，有適者生存，不適者滅亡的原理，使得所有的生物是繼續存在或滅亡。

從這些鬥爭以及競爭的或弱肉強食的人生觀所得出來的一些理論，終於使得達爾文認為人是猿猴進化來的，「人是猿猴進化」的理論，本來是指向地質學或考古人類學所能有的一些假設，由於西洋十九世紀後半期的反宗教思想的誕生，他們就用來反對「上帝創造人」的命題，以為人既然是猿猴變的，那麼他就不是上帝所創造的。

由於自然科學唯物論所提出的人形成的近因以及自然進化的法

則，也就使得整個德國觀念論的體系受到了動搖，加上馬克斯和恩格斯的學說，在蘇聯受到了真正的檢證，形成了唯物論的更大勢力。

第二節　法國實證論

十九世紀哲學界，幾乎與自然科學相同，有一條信仰，就是以為現象就是一切，而我們能夠獲得現象的認知，就是透過感官，因在漸漸地把以前的哲學方法——透過思考，直觀的方法淡忘了，而代之以興的等於是自然科學的方法，在實驗室中才能夠找到真正的真理；因此他們開始脫離由傳統而來的倫理道德思想，脫離傳統的藝術才華，脫離傳統的宗教情操，以為一切都應該用現實來考察。

這種以現象來考察的學說，最主要的是由唯物論、經驗論和實證論來支持；實證論的誕生，尤其是在法國，法國實證論所提出的，當然是科學萬能的口號，看得見的東西，摸得著的東西才是真的，以為單是依靠思想所得出的東西是虛偽的，如果有人說中世哲學是神學的婢女，在十九世紀的這段期間，由法國實證主義所提倡的一些學說，可以說是哲學變成了科學的婢女；因為十九世紀懂哲學的人，也只能在哲學範圍之外去問科學，十九世紀後半期的思想，它的目的是要脫離神學的權威，以及形上學的思辨和人的倫理道德，希望用科學的實驗，來完成哲學的體系。因此如果我們說西洋中世的哲學是神學哲學的話，在十九世紀後半期，他們想發展的是科學哲學。

法國的實證論有很多的代表，它的發明人是孔德，而發展人是顧躍，以下分為二段來敘述他們的學說。

㈠孔德(Auguste Comte, 1798～1857)

首先用「實證論」(Positivisme)一字的是法國人孔德。也是他首先以實證論作為哲學的方法，以為實驗才是我們得到知識的最主要的，同時是唯一的準繩。孔德是哲學家兼數學家，他曾經就讀巴黎、蒙彼里等大學，一八二五年起，創辦實證哲學的學說，曾任教於巴黎許多學校，晚年走向神秘，自立教派，以「人道」為信仰之對象，目的在改革社會。

孔德所提的，與馬克斯所說的思想階段幾乎是相同的，首要提出人類歷史的演變中，如何支持他自己的學說，發明了「三站說」，以為人類精神發展的歷史分為三個階段：

1. 神話神學的時代

孔德以為人類最初發跡在世界上，起先由於不懂得科學，所以對大自然的各種現象都以為是神秘莫測，以為是神的力量在支持，因此對於各種的變化都加上神話的解說，尤其對於各種天災人禍，都以為是神明在震怒，發展出各種宗教的崇拜與各種宗教中敬神的儀式，在這個神話時代中，慢慢地構成了一個體系，由多神的神話變成了一神的宗教信仰。

因此在孔德的解釋之下，西洋的宗教其實是神話所演化出來的東西，而神話的產生是由於人不懂得科學。

2. 形而上時代

孔德以為人類慢慢地脫離神話的解釋，而開始有思想，漸漸地以抽象的認識，發展人事和自然現象之間不一定有必然的關係，所以他可以發展哲學，敢於指出過去的不對，敢於說出情緒所陶冶的神話和神學不合理性；所以他對自然和各種事物方面，可以用獨立的思考，

而排除一些大眾信仰的東西。

3. 實證時代

在孔德心目中，形而上時代的精神固然可嘉，可是並沒有落實到人世間來，思想代替信仰，固然是人性發展的一大步，可是單靠思想仍然是虛而不實的，要真正地落實到塵世的層面的話，就必須以感官、實驗、眼見為真的原則來衡量一切知識的真假對錯。

也就因此，孔德結論出：唯有直接呈現給感官的，才是真實的，即唯有感官作用可以抵達的階層，才是真實的，否則就是虛幻的，孔德的這種想法，不但否定了神學的信仰層面，而且否定了藝術的能力，以及否定了整個哲學的抽象的可能性，他要利用感官所獲得的知識，才是真正的知識。這也就是孔德所說的，神話的時代已經過去了，形上學的時代也已經過去了，現在應該是實證的時代。

孔德指出在科學實證的時代中，人類無論是遇見了那一種現象，都要用科學去解釋，不必用神秘的傳說或思考的推理，而是需要以科學的方法把那些呈現在科學當中，才會使人家相信，否則即是虛幻；所以孔德結論出人類最高的學問，就是認清現象，也就是說，認清科學的方法以及科學的內容；孔德這種實證的主張，直接導引出實效，功利，以及現實的人生觀。

因此凡是屬於倫理道德的、藝術的、宗教的，雖然在哲學中沒有地位，不是真的，可是孔德仍然以為它們在社會的發展中有用，因此孔德在這方面還是覺得應該相當地寬容，雖不可知，也不能實證，但是為了有用，仍然可以給道德、藝術、宗教的存在，不過一個人性的發展，不需要利用這些東西。

孔德在理論上反對西方傳統的倫理和宗教，可是在實際上對它們有所容忍；在社會實證論者當中，除了孔德之外，還有顧躍。

(二)顧躍(Jean-Marie Guyau, 1854～1888)

顧躍無論在理論上或實踐上，都對宗教不懷好感，時常提出漫罵和污蔑，有人稱顧躍為「法國的尼采」，因為他能夠用許多創新的法國名詞大罵宗教和倫理。顧躍首先接受的思想是進化論與無神論，雖然他死時，只有三十四歲，可是從十九歲開始，就可以著書立說，而且站穩自己的立場來反對宗教和倫理。他能夠針對傳統的理論，對倫理作無情的攻擊，提出人性是自由的，所謂的自由是不受任何東西的束縛，連倫理道德在內。

他更進一步地認為，倫理的最終基礎是宗教，他覺得如果要反對倫理，就必須先反對宗教；顧躍的一生，都在反對宗教與倫理，可是他更知道宗教和倫理在哲學上的基礎是形上學，所以他又把反對的箭頭轉向了形上學，他著書立說只有一個目的，就是使得現象能夠成為知識唯一的標準，因此把現象當做唯一的真實，而我們能夠抵達現象，才是科學中實證的方法。

顧躍的思想，因為他自己本身的遭遇，總是環繞著「倫理」這一名詞，並且從「倫理」這名詞推演出整個的思想體系，以為倫理不是神的誡命，也不是良心的呼聲，而是反過來，倫理道德的規範是人生在世的實證之一種需要；如此顧躍以為倫理是必須的，但是它並非以神的誡命或良心的呼聲來做形上的基礎，它有的基礎只是現象界的實用和實證的價值，人是合群的動物，所以他需要倫理，並非他的本性具有倫理的東西，它覺得生命的衝力才是倫理的規範，因為生命本身就應該是道德，可是由於生命的衝力，根本不受任何的束縛和節制，因此倫理有任何束縛生命的企圖，那就違反了生命，違反了自然。

顧躍所以提出反對倫理道德形上學的意義，就是他以生命為中心，

在觀察了所有的生命現象之後，他都覺得他們不談倫理道德的，等於赫胥黎與達爾文所觀察到的熱帶動物一樣，根本談不到倫理道德，有的只是弱肉強食的社會現象。這種生命的進程，是在壯大自己與發展自己當中所發展的東西，可是壯大自己與發展自己，就顧躍而言，不是自私，而是生命的表現，所以他覺得所謂的倫理道德，是宇宙與人合一而成為的完整存在，整個宇宙成為一個有機體，一個生命，也就是整個大自然進化的目的，應該是人生存在的目的。

實證論的最早型態是經驗主義，也就是相信感官，相信科學技術對於未來的信念，除了經驗主義之外，就是孔德對於歷史的批判，否定過去的方法，並且為宇宙、人生設計了未來，而這個未來無論是道德、藝術、宗教的層次，都放在科學的方法中去衡量。

實證論主要的流派有三個，就是從三種不同的角度去看科學實證的信念；首先是社會實證論，也就是上面提及的孔德與顧躍二位思想家，他們主張以社會發展的方式，證明人類在歷史中發展和進步的情形，把這種思想應用到社會政治之中。

第二派系是進化實證論，他們是以理論的辯證，來解明唯物史觀才是人類進化的動力，而且覺得經濟活動才是人性發展的最終基礎，此派的實證論，通常被列入唯物論與進化論中討論。

第三派是批判實證論，也就是批判經驗，批判新實證主義以及邏輯實證論等等的派系，這種實證論在前面第一部分中世已經提出了。

這三派實證論其實都只有一個方向，就是利用自然科學的實驗來界定宇宙和人生，就在這種方法的嘗試之下，很顯然的就導引出形上思想的空虛，他們對完全理想的一個世界失去了信念，設法從自然科學的實證開始，而又無法超出這種實證的範圍，因此也就導引出所謂的「價值中立」，此種「價值中立」不只是到了心理學的領域，而且後

來還到達社會諸科學的領域中，成為今天行為主義最極端的一種型態。

二十世紀的中葉以後，這種實證的思想充斥著英語體系的世界，以英語為第一外國語的地區也跟隨著在人文學科上大喊「價值中立」、「人與動物無異」的口號，也就是講明與開始的時候呼喊「科學萬能」的口號相符。

第三節　英國功利論

功利論(Utilitarism)可以說是自然主義興起與發展之後，西洋十九世紀後半期英語體系的一種特色，而這種功利主義不但導引了後來在美國風行的實用主義，而且其本身也助長了進化論，我們在此節中特別提出功利主義的來龍去脈，並且指出後來的進化論在哲學中如何奠基在功利主義的思想之下。

功利主義的真正起源，可以追溯到邊沁(Jeremy Bentham, 1748～1832)，邊沁是快樂學的功利主義者，他把自己的學說看成為人類的倫理規範，即是說為大多數人謀最大的幸福就是人生的意義，而且因此也特別提出了人生的目的是服務，是為眾人創造快樂；而在哲學的發展上，最後指出幸福就是快樂，而快樂是一個人感覺到幸福的時候就是快樂，一個人感覺到快樂的時候便是幸福，因此他也屬於感覺主義的一種型態。

這種快樂說，在歷史上當然可以追溯到希臘的小蘇格拉底學派，以及羅馬帝國的伊彼古羅斯學派，當時兩派的主張，多多少少地傾向唯物的解釋，以為人的構成因素感覺到舒適快樂的時候，就是人生存的目的。從邊沁開始，功利主義特別在英國語系中產生和發展，這種功利主義所探討的問題，不但是科學技術發展的問題，而是在人的倫

理規範上，以為所有的所謂的是非善惡，都應該放在利益的天秤上去稱，凡是與人有利的便是善，與人不利的便是惡，而利害的關鍵，在於快樂的感覺，一個人感到快樂的，就是有利的、善的，一個人感覺到不快樂的就是不利的、惡的。

從這種善惡的尺度來發展倫理道德的思想，往好的一面去看，當然全體的快樂或大多數人的快樂是我們的社會所要求要發展到的一個境界；可是往壞的一方面去看的話，就成為一個自私的社會，成為一種自私的人與人之間的關係。

邊沁的原意，是要以功利主義的學說建立社會的倫理，使大多數人都過著幸福與快樂的生活，當然這個原則是對的，但是功利主義在哲學上中心的課題並不止於學說的目的，而是在於實踐的方法，究竟快樂的尺度是什麼，以誰的感度作為起點和尺度呢？究竟會不會有一種客觀的快樂的標準呢？於是就在這些問題的發生與解答中，功利主義本身產生了很多不同的派系，它有個人主義和利己主義的功利主義，有快樂主義與理想主義的功利主義，並且還有常態的功利主義與描述的功利主義，在這些功利主義的劃分中，我們無法一一介紹，而只能提出二位比較重要的思想家作為代表：彌爾與蘇本塞。

(一)彌爾(John Stuart Mill, 1806～1873)

彌爾是蘇格蘭人，為心理學家詹姆士彌爾(James Mill, 1773～1836)之子，學說注重倫理與經濟的問題。他的學說，繼承了傳統的經驗論，在知識論上反對先天的學說，以為一切的學問和知識都應該由經驗去獲得，而從腦裡所得到的觀念是透過我們的記憶和聯想，才能夠得到一種知識，所以有人稱彌爾為聯想派的鼻祖。

他在知識論方面，是以邏輯的分析方法，去分析我們的感官經驗，

記憶和聯想等等的事實，希望能夠從這種分析當中，發現人類知識的起源；同時他還認為利用這種知識的方法，可以避免由經驗主義所導引出來的懷疑論，因為所謂的懷疑論，並非由經驗得出的，而是思想對經驗不清楚的時候，所發展出來的一種心理狀態。

彌爾希望能夠用他的學問，尤其利用他分析的方法，來解釋人類倫理生活的情況，並且用邏輯的方式導引出心理學，所以他特別提出了五種方法論，世稱為彌爾的方法，這五種方法，事實上是在數學或哲學的因果原則上，或與因果相對的秩序上都有很大的關係；這五種方法到最後都可以得出的叫「歸納法」，這方法主要的是認為自然是不變的，而人的思想會變，因此人透過感官，從自然界得出的概念就會成為一種印象，而印象卻隨著人的主觀情緒而變遷，並非依照外在世界的變化，因此他認為真正可以解釋這種因果關係的，還是英國的經驗主義者休謨，因為後者提出了所謂的因果就是一種經驗，所謂的經驗就是一種習慣，而如果習慣才是一種思想的來源的話，那客觀存在的東西就不可靠了，因為客觀東西的不可靠，所以否定了形上學的可能性，因為如果我們用我們感官的經驗和我們的知識論不能夠超度現在的現象的話，那麼形而上的可能性就沒有了。

雖然功利論提到形而上的不可能，可是他們畢竟還要從知識論跳出一步，從知識的分析與歸納，結論出人的倫理道德這方面的傾向；但是這種倫理道德的規範並非是非的觀念，而是主張功利的，所謂的功利就是為大多數人的快樂就是善，如果為公眾人沒有快樂，只有痛苦的話，那就是惡，因此彌爾指出人生的目的，不是找尋個人的快樂，而是謀求大家的幸福。

在這麼一個觀點上，彌爾當然是超過了休謨，因為休謨的功利主張似乎比較自私，似乎比較注重自己個人印象的問題，而彌爾卻是認

為大多數人的幸福和快樂才算是真正的倫理道德。

㈡蘇本塞(Herbert Spencer, 1820～1903)

蘇本塞是跟隨著達爾文的進化學說，而發展了他的功利主義，他本身是哲學家兼社會學家，在他的生平之中，做過家庭教師，鐵路工程師和編輯等等，他以為所謂的真理與價值是人所發展出來的經驗；這種經驗不但人有，連狗都有，如狗對主人的忠誠，都是屬於真理和價值的批判。

蘇本塞因為跟隨了進化論的主張，所以他發展了二個在二十世紀非常主要的概念——「發展」與「進步」，「發展」的概念也就是十九世紀信念之一，希望在現象之下能夠發展出一種普遍的，不離開現象，而又能夠超越現象的原理原則；關於「進步」的概念，因為在人文社會之中，有發展就有進步，不像在禽獸的世界，牠要發展可以繁衍很多的子孫，可是沒有進步，子孫的生活方式完全和牠們的祖先雷同，人卻不是如此，他可以由於經驗的累積發展自己的生活，以及使自己的生活有進步。

十九世紀時，思想界設法征服自然和利用自然，它要發展自然科學，以為唯有自然科學可以征服自然，十九世紀的思想家不但如此相信，也這麼去實行，而且在內心也有這麼一種的希望，對「發展和進步」的這門學問，科學是擔任了每一種學問的探求，哲學則提出了問題與總檢討。世界上人為的一切都在發展和進步之中，這也是人的現象，和人會追求最終的原理原則，以及追求最終的原因一樣的理由，這種人性往外追求的事實，我們自己本身可以感受到，我們自己本身可以把它變為自己的體驗和經驗，而且這些經驗也是我們從日常生活經驗中所導引出來的。

　　至於本體界的一切，蘇本塞以為雖然毫無問題地它們一定存在著，但是並不是我們的理知可以理解到的，本體不可知，我們知道的，所能夠把握到的只是現象；但是在存有本身來看，現象與本體不是一樣的嗎？蘇本塞於是不再以康德的道德哲學來追求本體的存在，而是設法以個人內心來自己體驗。

　　在進化的思想當中，如果我們說達爾文把進化用在生物上，而蘇本塞則是把進化安置在整個的宇宙之中。

第四節　美國實用主義

　　實用主義(Pragmatism)主張用實際的效果為真理的標準，這種學說在美國最為盛行，自從十九世紀後半期開始，便以實際的哲學運動傳遍了整個美國的學術界，由於美國人的生活背景、民族的集成都是由歐洲各國遷移到新大陸而開始謀生，因此也構成了他們移民的最主要因素，以實際的謀生做為他們移民的一個動機，從這個實際的謀生開始，也慢慢地發展了哲學的思想，如「自由」、「民主」等等的概念，當這個新大陸的新居民開始以他們的血汗建立新的基業之時，對這些新的名詞也有了一些新的理解和體驗；可是總離不開「實際」這個範疇。

　　當這種實際的人生觀進入到學術界，而成為一種學說以後，很顯然的，這種新的學說，在表面上還是反對傳統的哲學方法，而事實上也有他積極的一面，就是利用各種具體的體驗來闡明「事實勝於理論」的觀點，「實事求是」、「言之有物」這些思想可以說是由美國的實用主義所導引出來的。

　　實用主義的誕生雖然是在美國，可是它與歐洲的唯物主義，實證

主義和功利主義戚戚相關，在人類對於傳統的宗教、道德和傳統的生活方式厭倦了以後，都想要追尋一種能夠暫時滿足人性的實際東西，這些東西通常都是現實的、屬於物質的層次，當然要滿全這種心態和這種生存的條件，首先是科學技術的發展，也就因此在西洋十九世紀後半期，科學與技術的發展中符合了這種實用主義的要求；科技的發展以及實用主義的發展形成了相輔相成的一種局勢。

　　當然我們說實用主義本來開始的時候完全是科學的，它沒有走進哲學的範圍，可是當人類生活必需的東西，一天天地足夠以後，就會追求一種生活的娛樂，而哲學是屬於人類生活娛樂的一種，也就因此在新大陸發展的哲學中，以實用主義做為先鋒，而後其他的任何一派思想要進入新大陸去，都必然先經過實用主義的關卡。由於這種實際效果的提出，很顯然的，傳統的形上學問題首先遭遇了冷落，然後遭到了否定，當然我們在此提出的實用主義學者，因為他們是哲學家，因此絕大部分是突破了這種困難，也就是說，他們還是可以看破實用的價值，看破實用的相對性，而走進絕對的形上學園地中。

　　首先用「實用主義」一詞的是美國的皮而士，他的目的是設法分清楚康德的「實踐」與「實用」兩個概念，而真正能夠把實用的概念當成哲學的學派而編成一個體系的是詹姆士(William James)，實用主義把現象論局限到感官的經驗中，把存在和人都放進時間的範疇中，而否定形上學，以行為或行為的效果做為學說的基礎，這裡特別舉出三個代表。

(一)皮而士(Charles Peirce, 1839～1914)

　　皮而士是美國名邏輯家，他發展了數理邏輯，並且對當代所興起的語言哲學有極濃厚的興趣，所以他為學的方向，是專攻文字學、語

言分析這方面的學問。

皮而士不但首先用了「實用主義」這個名詞，並且也實際地領導了實用主義的運動，他所提到的實用主義，首先分析我們的思想與語言，以為在我們的語言當中所指的功能，最主要的是要問它有什麼意思，如果我們知道語言或思想所表現的意義的話，我們才能夠知道知識；皮而士以為每一種事物，都要在它的功能和行動當中去看，因此他以為邏輯的最主要任務是要把思想和行動聯繫起來。

為了使人類的思想真正地可以抵達真理的本身，皮而士最先分析人類的語言，把語言分為許多不同類型的語句，設法去懂得這些語句的意義，到最後當然還是運用了實證主義的作法，把這種語言的意義與現實世界相比較，看看能否在現實世界上獲得檢證。皮而士以為語言和文字都是思想的符號，主要的是要把我們的思想表現出來，傳遞出去，因此皮而士以為唯有善用符號，了解這些符號的涵義，才能夠真正地提到知識的問題。

就在這種的假設與探討之下，皮而士認為實用主義並不是解答一些課題，而只是提出一些方法和方向，這種方式原來就是一般英美哲學家所共通的表現的方式，一方面說明自己的哲學不是目的性的，而同時指出一種特定的方向，他們所最喜歡舉的例子，連羅素在內，都說火車並不是指向目的地行進，而只是依著軌道向前行駛而已。

因此在實用主義的學說中，很顯然的有實際效果的傾向，而再也不問他們最終的目的是什麼，而是問他們目前以及短暫的未來的成果；所以皮而士的哲學特別給實用主義提出的描述，以為實用主義是要澄清並規定符號的意義，而提出這種澄清和規定的方法。

但是由於語言的分析，所用的基礎是數理的形式，因此原本在內容上著眼的一種學說，慢慢地陷入形式的結構之中，使得語言的意義

不再是代表客體的東西，而是看這種語文是否符合它的文法。實用主義所導引出來的語言分析，到最後畢竟是把語言當做一種目的，而無法使得語文在人的生命中有意義；實用主義的哲學因為過於把人性物性化，過於設法運用研究數理平面的公式去規劃立體的人生，所以它所走的路線，慢慢地走上「強權就是公理」的社會、政治結構。

㈡詹姆士(William James, 1842～1912)

詹姆士是因為在美國提倡實用主義而成名的，他與皮而士持相反的意見，他以為實用主義的意義的確是一種哲學，而且應該是一種新興的哲學；本來詹姆士與皮而士二人交往甚密，而且在思想上可以說是互相影響，可是在學說的最終架構上，詹姆士屬於唯名論的哲學體系，而皮而士則以唯實論者自居；唯名論原屬於中世哲學末期的知識論產品，最主要的學說是探討思想與存在之間的關係，而哲學的結論是提出概念只是一種「名目」，也就是主觀所附加在客觀上的，是不存在的，也不必要的東西，在唯名論的學說看來，只有個別的、具體的東西才是真實的，凡是屬於共相的，抽象的都是虛幻的，因此唯名論最主要的指標，是反對形上學的存在。

詹姆士忽略了形而上的建立和價值，但是他所注重的，卻又超越了皮而士只重語言的形式，詹姆士也特別注重人生的倫理內容，也就是說，他還是希望從知識的層次走上倫理道德的領域；可是在實用主義的大前提之下，價值的體系仍然停留在知的層次之中，無法突破知的極限走上行的層次；因此他也停留在理論性的批判之中，等於是站在道德之外看道德，站在知識論的立場去看道德，而不是以實踐作為倫理的標準。

當然我們認為詹姆士是更進了一步，在善惡的標準之中，也表現

出自己是經驗主義的色彩，以為環境是改變標準的因素，以為一切的
倫理規範都是由環境所影響來的，因此時過境遷之後，善惡的標準也
就隨之改變，善惡並無絕對的一種標準。也就因此，詹姆士在知識論
上所得到的人生觀以為，對一種知識的信念，就是知識的先決條件，
這種情形說明了實用主義根本的思想，仍然是停留在經驗主義的本色，
依照著機械唯物的因果來界定知識的發生問題，也因此界定了人的自
由意志，尤其是人的創造潛能都沒有發揮出來。

　　詹姆士雖然在知識以及倫理的探討中，累次提及到生命及生活等
等的實際問題，但是他最終的預設，由於沒有形上學做為基礎，因而
在原則上，仍然主張倫理相對，善惡相對的學說，他在知識論中停留
在唯名論與經驗主義的地步，在生活上也只注重了實效，以為實用才
是是非善惡的標準。

(三)杜威(John Dewey, 1859～1952)

　　杜威曾經於民國八年來我國講學，在北京大學執教兩年，而且也
在美國許多著名的大學執教，以教育作為方法，把實用主義導引到工
具主義之中。杜威用很冷靜的頭腦，首先探討了實用主義發展的情形，
特別提出皮而士的實用主義，淵源於實驗以及注重康德的實踐，而以
為詹姆士的學說則淵源於英國的經驗主義，因而二者的學說有顯著的
不同，皮而士是邏輯家，而詹姆士是人文主義者。

　　至於杜威自己，在這種實用主義的歷史研究中，他以為自己應該
是屬於黑格爾學派，專門以「合」的方式去統一皮而士和詹姆士的學
說；杜威以為這種新的綜合，就稱之為工具主義，而且給予工具主義
一種簡明的定義：概念與推理一般形式的學說。因此工具主義在原則
上，與實用主義對邏輯法則和倫理規範的批判，並沒有很大的分別，

因為他仍然在知識的範疇之中打轉。

在知識論中表現得很清楚，知識價值的問題如何去探討和追求，無論是邏輯問題或分析問題，都用分析與批判，這種方法杜威用得很純熟，而其實都是英國經驗主義所定下的方向，杜威在個人的生活上，盡量符合靈性的要求，盡量設法滿足自己精神的需要，而特別在宗教的情操中找尋心靈的幸福；而且在學術的內容以及生活的內容上，也非常讚美同年齡的法國生命哲學家柏克森，但是在學術的工作上仍然無法突破知識的極限，無法走上形而上的境地，因此就杜威而言，宗教、藝術、倫理等等也只是停留在有用的層次上而已；在人生的體驗中，總以為一切都是相對的，時空的變化可以把握住事物的變化，至於形而上的絕對，雖然杜威自稱是黑格爾學派的，可是仍然發展不出來。

實用主義一直發展到今天，可以說真正地影響到美國的政治、社會、經濟，也影響到當代的美國哲學，在這種政治、經濟、社會，甚至哲學的發展中，很容易看出只有利害的關係，而很少是非的觀念，除了美國之外，對實用主義很有興趣的，還有一些屬於英語體系而受影響的一些國家，尤其是在經濟和科學技術落後的一些國家，特別是一些以美國的一切馬首是瞻的國家，更受了這些學說的影響。

可是在另一方面，尤其是實用主義走進了德國，漸漸地發現從實用的這個層次而無法突破，走上形而上的境界的話，哲學仍然是沒有出路，如果每一種價值都是相對的話，我們究竟能夠用什麼做為永恆的尺度去衡量它呢？

另一方面，即使在思考的方法上以及在語言的表達上，也總得有一個體系，也總得有一個發表這個言論的主體，這個主體它總得有一個堅定的立場，它不能夠今天這樣，明天又那樣，在這種環境裡這麼

做人，在另一種環境中又做那麼樣的人，變成雙重的人格，成為精神分裂的犧牲者。

第五節 新康德學派

西洋十九世紀的思想中，除了反派的主流——德國的唯物論、法國的實證論、英國的功利論與美國的實用主義之外，還有一些與傳統銜接的學說，能夠在哲學的末路時代，成為哲學中流砥柱的三種派系：新康德學派、歸納形上學、新士林哲學。

關於新康德學派的最主要的言論，在西洋十九世紀實證論的呼聲之中，德國的學術界發出回歸康德的一種運動，理由就是唯物論只在物質以及機械當中去尋求物理的價值與意義，而忽略了人本身是超越物質的一種存在，而價值和意義至少在康德的哲學之中，不只是在物質裡，而且是超越物質的人性道德方向，因此新康德學派的誕生，確實是德國民族意識的再一次呼喚，以及對哲學的再探討，再研究，他們深深地感受到唯有在精神的生活中，才能體會出價值和意義來。其中有馬堡學派和西南學派：

㈠馬堡學派(Marburg)

馬堡學派的學者認為康德哲學中，因為在知識論上對於「物自體」沒有把握，在自然的哲學中認識不夠，因此由康德的哲學無法提出自然科學的決定性理論，也就是說，康德的道德哲學無法支持科學哲學的產生，也無法批判科學哲學；而且還有一點，在認識的過程中，康德以為根本上用不到物質的存在，甚至用不到感官知識的作用，而真正在知識論上有作用的是形式、概念，是方法與功用，換言之，康德

的哲學不太談論「現象」，而是談現象背後的「物自體」，而這個「物自體」的尋找，到了最後必定成為形上學的課題，而不再是知識論的問題。

馬堡學派所走的路正是康德所走過的舊路，實證論和唯物論所提出的難題，給予馬堡學派的人新的思考方向，設法在對物的認識之中，至少是人生存在這個世界上，所有對物質需要的實際問題，能夠對形而上的跳躍有所幫助，馬堡的新康德學派的整個哲學都是知識論，希望在知識論中能夠找到通往哲學的道路，也就因此，康德的學說，道德哲學在自然科學的探討之下，能夠尋找出一條出路，這也是新康德學派的一個主要特性。

(二)西南學派

西南學派所代表的思想重心是價值哲學，他們從知識論開始，認為知識價值的「真」、倫理價值的「聖」、藝術價值的「美」、宗教價值的「神聖」是可以排列出一個系統來的；他們在另一方面，認為馬堡學派太過於注重合理化，過於注重理性的平面作用，忽略了理性還有立體的架構，因為在知識之上還有道德的、藝術的、宗教的價值。

因此西南學派所注重的哲學，是把康德學說中的藝術部分特別加以發揮，而設法透過康德對於藝術的說法，超越當時知識的以及自然科學的探究。

第六節　歸納形上學

十九世紀後半期的思想，除了新康德學派能夠作為中流砥柱之外，還有一派為歸納形上學，歸納形上學的意義，是其雖然利用當時的唯

物、實證思想，特別是利用自然科學的歸納分析的方法，但是仍然可以找到形而上的境界，這種利用現象論或唯物論的方式，尤其是他們的思想方法，而能夠找到形上學的存在基礎，就被稱為歸納形上學。

在這方面努力的有三位思想家。

(一)費希內(Gustav Theodor Fechner, 1801～1887)

費希內出生於蘇俄莫斯科，長大以後回到祖籍所在地德國，年輕時所學的哲學、物理、生理、心理等學問都有特別的專長，他是屬於唯心論，另一方面也屬於泛神論，雖然在萊比錫大學教物理，可是對於人生的態度，對於哲學的成就抱有很大的熱誠。

他的學說內容，是以科學為根據，說明宗教哲學的可能性，他用科學說明宗教，用自然科學說明現象學。他的基本假設，以為世界是統一的，而世界的統一性就是他的哲學；費希內利用自己日常生活的體驗，從這些體驗得出來的成果，可以用物理上的或然率或哲學上類比的法則，講明人與世界，人與物質，人與精神確實是一體的。

由這一體的說法，然後再抽離出人性由於他的靈性，能夠超脫物理世界的一切束縛，而漸漸地進入道德世界，也就因為費希內的這種說法，他同時相對地把自然科學到哲學的一條路，稱為超越之途，同樣地，從哲學到信仰的一條路也是超越之途，人性的完美是要超越自然科學的定律，然後走上哲學的探討，最後安息在信仰之中。

費希內因為他自己本身是物理學家，他所講的這些理論都能夠提出證據，至少在費希內的這種說法看來，他思想的發展箭頭與孔德的實證主義恰好相反，他是要在實證的世界上找到形而上的存在地位。他整個的學說，都是設法在科學的解釋中，說明宗教與哲學的可能性，他用的歸納方法，就是利用人生的日常生活經驗，用來導引形上學的

原則。

當然傳統哲學所用的方法，是以形而上來規定原理原則，而費希內是以科學的檢證來規定原理原則，因此可以說費希內的哲學是科學哲學的經驗論的形上學；費希內還在他的歸納形上學中訂有三種法則。

⑴類比方法(Analogia)：用一種不完全相同、也不完全相異的比較法，在已知上求未知，也就是說，用現象的已知事實，推論出現象背後的原理原則。

⑵成果原則(Fruchtbarkeit)：很顯然的，我們在自然科學方面有長足進步，有很多的成果，而這些成果在「人」的用途上更為廣大，因此他總是認為所有的自然科學成果都是為了「人」，主張以「人」為中心，所謂的科學成果的價值尺度應該以「人」為中心。

⑶或然率(Wahrsheinlichkeit)：費希內在此承認人類經驗的累積，以為人類在歷史中所體驗到過去呈現過無數次的事情，也可能在現在或未來重新出現。

由於這三項的原則，使得費希內相信可以從經驗的科學走出來，亦即，從因果的信念可以使經驗導向形而上的原則，而且最主要的，費希內覺得人的確有過超越的經驗，並且他也需要超越的經驗，從經驗當中走出，走上原理原則的形而上學。

歸納形上學使人感覺到世界是統一的，這個活的世界不但在科學的原則上是一樣，而且在形上學上也是統一的，所以費希內主張倫理學上人要追求快樂與幸福，因為快樂和幸福才是倫理道德的表象，因為世界是一體的，人和世界也是一體的，因此世界上的秩序，四時的運行以及人在自己生活上的快樂與幸福，才能夠合成一體。

人在科學的世界內固然求「真」，但是在自己的道德世界內要求「善」，要求自己的心安；因此費希內的哲學體系，不但是用人的智慧，

討論了自然科學的範圍，而且也用人的良知討論了人生道德的價值。

就利用了這種思想的方法，可以說費希內已經統一了唯物論、實證論以及形上學之間的衝突，他一方面承認具體的、唯物的、實證的思想基礎，而且以為這些基礎確實是我們思考的淵源，他並不停留在這種基礎之上，他還是要透過這些基礎超越自身，以倫理道德的規範來超度自己，使得自己能夠走上理想。

費希內為了統一實證與形上，特別把宇宙和人生都看做是唯心的，所謂唯心，是指人的思想才可以保證自己對人生觀的看法，他要統一實證和形上，也只好採取了宗教上的泛神論，總覺得唯有神性在先天上內存於各種的物質之內，否則我們就很難相信人性可以到達物性，也很難講明如何從物理可以走上形而上的一條道路；也因此在本體的分類上，費希內把精神分為三個等級：最低的一級是物質的精神，這種物質的精神就是我們在自然中所說的物質，其實在哲學的探討上，應該是一種精神內在於物質的東西；物質之上有人類的精神，這種人類的精神，很顯然的是他的智慧和他的良心，透過智慧可以認識世界，透過良心可以提昇自己的存在；在人類的精神之上有世界的精神，世界精神是最高的，因為它不但是包括了物質與人的精神，同時包括了神的精神，因為所有的一切都充滿了神明，所以他採取了泛神論的主張。

㈡洛齊(Rudolph Hermann Lotze, 1817～1881)

洛齊生於德國，畢業於萊比錫大學，本科是醫學，但是對於哲學有很深的研究，他曾經做過哥丁根、柏林和萊比錫的教授，他在大學裡的博士學位以及講師論文都是屬於醫學方面的，洛齊的思想主要是以科學來證明形上學的可能性，在西洋十九世紀後半期算是最偉大的

思想家之一，他在醫學上指出了人性的價值，因此算是價值哲學之父。

　　他的著作所注重的都是醫學的心理學，以及人和宇宙的關係和整個的哲學體系，這位醫學的哲學家，認為具體的世界中，「事」和「物」兩者的關係，就剛好等於「思想」與「存在」之間的關係，人的基礎就是存在，可是當表現在存在之上時，他和物理以及其他的生物、動物不同，因為他有思想，思想是可以把人的存在超度到整體性上；而所謂人的整體是依靠他的思想以及存在的提昇，使得他有感性的存在，也就是透過感性的存在可以發展自然科學的東西，發展全部形而下的認識，可是在感性之上，他為了提昇自己的存在，又有倫理與宗教的形而上層次，而整體的人性是應該包括感性、倫理、宗教等三個層次，包括形而下與形而上的兩個層面，否則人只是半邊的人。

　　洛齊在回顧哲學的整個過程中，希望能夠超越德國的觀念論，甚至超越德國觀念論以前的康德，回到理性主義的理想境界中，在理性主義中，洛齊特別欣賞萊布尼茲的「和諧」概念，這「和諧」的概念，不只是人在思想上統一矛盾、統一對立的一種理想，而且在自然世界的表出方面，也表現了整個和諧的體系；宇宙的存在，因為它有和諧，有春、夏、秋、冬四季的轉移，有星球與星球之間和諧的運動，才得以持續下去，如果這個和諧的秩序遭受破壞，整個的存在也就失掉了基礎；所以洛齊以為整個「和諧」的概念，是整個宇宙存在的原理，也應該是人生的原理。因此他認為在自然科學中固然可以用機械的法則去解釋因果律，可是在人生的基礎上，因果的原則，尤其是以機械去解釋的因果原則是不夠的。

　　要使得人生的意義和價值能夠顯現出來的話，它必須有一個形上學的原理原則，這個形上學的原理原則就是支持人性在倫理以及宗教的所有表現；因此他整個形上的基礎，是從因果的原則可以推論出目

的觀，而這目的觀的最終決定者就是上帝，祂可以以機械的方式來統治世界，可是祂必須以目的觀和自由意志的方式來統治人類，人是跳過了機械唯物的層次，而走上自由的境地，人是超越了機械的因果關係，而走上了目的選擇。

洛齊以為在自然的事物之中，有機械的因果，使得我們可以遵循，可以提到「自我」概念的時候，則是屬於自由的，因為人在日常生活的體驗中，尤其是在自己特殊情況的決定中，都感覺出來自身是自由的，自己要對自己的行為負責，這是最根本的倫理道德的信念。從倫理道德再往上去，當人類在自己的自由行為中，發現自己力不從心，發現自己的意志是如何薄弱，而與極限相遇的時候，又可以發現另一種事實，就是從自身之外來一種力量，這種恩寵的感受是洛齊哲學，尤其是洛齊形上學的基礎；因為他體驗到人性的價值與意義，並不是人本身去決定，而是人要照著這個方向去追求和生活。

洛齊的哲學可以稱為「實在唯心論」，他的目的是要拯救黑格爾的絕對與理想的唯心論，因為德國觀念論開始用抽象的「正、反、合」的辯證，而忽略了理論之外的現實，洛齊以為最現實的莫過於「事」、「物」，以及事物與事物之間的關係，而「事」、「物」與事物之間的關係這三種現實，就可以使得我們把現實和理想分得很清楚，而在現實與理想之間，人性總是要找到一條出路，一方面不能夠脫離現實，可是另一方面更不可放棄理想，現實是已然存在的環境，可是理想是自己沒有，而又希望有的情況。

在洛齊看來，人的生存雖然是在現實的科學的成果中生活，也可以感覺出來，所謂的現實，並不是一定完全是存在的、命定的，而整個現實的淵源，還是由於人生的理想，因為人希望自己人生的生活過得更舒服一點，更豐富一些，因此發明了工具及產品，這也就是自然

科學中最終的一些哲學解釋。

　　洛齊所發展的科學哲學，可以說指出了科學最主要的存在理由是為了人，而人是為了自己的生活才創造了科學，更為了自己的超升，而創生了倫理，為了自身的人性得以超度到神性，而創生了宗教；雖然倫理與宗教相對於現實的科學而言，它是人所創造的東西，可是另一方面，科學之所以存在，也是人的一種理想，不過只是比較現實，比較低的一種理想罷了。

　　洛齊於是由心理及分析作用，而找到形上學的基礎，找到了人性的整體。

㈢哈特曼(Eduard von Hartmann, 1842～1906)

　　哈特曼是德國哲學家，生於柏林，首先對軍事有興趣，參軍又做了軍官，由於疾病退休後專攻哲學。在哲學的體系中，特別注意如何從心理的解釋，從意識走回到下意識的境界，再從下意識去挖掘人性的根本。他是如何的嚮往宗教，如何的嚮往形上學啊！

　　哈特曼企圖以謝林的哲學來統一黑格爾以及叔本華的思想，他以為在整個的宇宙中，有一個絕對的意識，有一個絕對的實體，而這個實體，事實上而言，相對於人的存在，它是「無意識」的東西，這個「無意識」雖然是否定的，但是卻是宇宙最終的本體，意識產生了意念和想像，他的意念在時空之中得不到和諧，因此他的理知在現實與理想之中也同樣地得不到和諧，人性在這個不和諧的氣氛之中，因此也會對所有形而上的東西加以懷疑，但是這種懷疑到最後總是設法找到一種救援，而這種救援的方式，哈特曼以為還是由理性來發揮作用，人在自己的無意識之中，設法產生一種意識，用理性再探討人生的意義和價值。

因為所有的人都會用理性，如果人用理性，哈特曼以為就可以回到原有的境地，回到「無意識」，回到完全和諧、渾然一體的宇宙本體中。在哈特曼的哲學看來，所謂的倫理道德，其實是使得人回復到「無意識」的境界，對整個的物質世界和功名利祿不表示一種關心或追求，而只是嚮往自己內心的平安和諧，也就因此哈特曼以為人性要完成自己的話，最好能夠透過宗教的修鍊，而使得自己與自然之間，自己與自己之間，自己與神之間得到一種和諧。

哈特曼哲學的起點是「無意識」，終點也仍然是「無意識」，意識才是人感受到自身的存在、世界的存在，而把自己原來的境界沖淡了，所以他覺得無意識才是實體，而意識開始意識之後，就會創造出時空，創造出混亂，而這種混亂的情況需要人再一度地意識自己的存在，再一次地檢討自己的存在。

這種哈特曼以否定表出肯定的方式，多多少少地接受了東方哲學的進化，而創造出一派新的哲學體系，他的最終實體是「無」，但是這個實體的「無」，事實上就是西方一向所謂的形上學的最高存在——「存有」；這種「無」的境界，是屬於宗教情操，描述人對整個功名利祿的不關心，同時不去追求。

第七節　新士林哲學

士林哲學本來是屬於中世基督宗教的一派，而這種思想發展在十三世紀，變成中世很主要的，以及西方人主要的人生觀的體系，這種哲學是要把人性從對物的體驗，走上對人的仁愛，以及對上帝的崇拜，但是這種士林哲學的體系，到了中世文藝復興以後就漸漸地式微，當然它衰微的一個很主要原因，就是唯名論的產生；而唯名論就因為人

不再去注重形而上的價值，只把人的思想局限到形而下的事物之中，當然士林哲學除了唯名論的理由之外，它自己本身不能夠脫離自己討論的範圍，不能夠與當時的哲學學派互相交往，所討論的問題不能夠與當代的思想交流，因而走進了一條死巷。

　　西洋的哲學，尤其是西洋的人生觀，到了十九世紀開始發展以前的殖民主義與奴隸制度之後，人生又慢慢地覺醒了，而覺得應該重新反省以前的哲學，反省以前的人生觀體系，是否可以在傳統上找到一點比現在的人文思想、自然科學的思想更可以安定人心的東西，於是有人重新開始回到中世的經典之中，研究中世的思想對於人性的體認究竟有那些深度，所以新士林哲學(Neo-scholastik)在一開始的時候，就有這種復古的味道，可是在這種復古的氣氛中，隱含了對當代思想的一種相遇與交往。

　　哲學因為在近代時期，「革命」的氣息很重，對中世哲學有許多誤解的地方，很容易把傳統的思想拋棄，尤其是把希伯來對於人性的思想拋棄，這些誤解引起人們對於宗教哲學的漠不關心；近代哲學開始之後，對於中世哲學還提出了一些批判的理由，後來成為哲學界不再回到中古界去讀以前的著作，而只是人云亦云的局面，根本上把中世紀的思想看為一個黑暗的時代，只是「神學之婢」，於是在這種情況之下，有一些學者重新出來，再一次研究中世哲學的著作，以當代人的心靈去理解傳統的東西，能夠從第一手的資料中，發現究竟中世哲學的精神在那裡。

　　新士林哲學思想加了一些新樣式，把人當做是有精神、又有物質的一種存在，這種又有精神，又有物質的東西，他能夠知道，而且他又想知道真理，於是他就用一種內在的自由的價值批判，來針對自己生活的層面，以及把生活的層面提高到形上學的階層中，去追求一種

永恆的、不變的真理。

這些思想家主要在德國與法國：

德國方面有：

特倫德倫堡(Adolf Trendelenburg, 1802～1872)

黑特齡(Georg von Hertling, 1843～1919)

巴翁格(Clemens Baeumker, 1853～1924)

法國方面有：

馬里旦(Jacques Maritain, 1882～1973)

吉而遜(Etienne Gilson, 1884～1978)

新士林哲學所強調的是，在本體論上有永恆的存在，在知識上，有真理的永恆存在，無論是本體論與知識論，其都認為，一切的存在都是由我們的內心與外在的自然世界交往所得出來的東西；人生存在這個世界上，生存在人與人之間，是要設法繼續生存下去，設法利用理知導引自己的意志，針對人生未來的遠景提出一條可行之道，對目前的一些病態思想提出一些救援的設計。外在世界的事物可以被認知，內在世界是有認知的能力，集合了這個能知與所知，也就是我們的知識論最根本的存在地方，人的價值不但是由於人有了肉體，而且有不死不滅的精神，有了這種精神，人才異於禽獸，由於精神才擁有自由，有自由就要對自己的行為負責，因此有了倫理道德的觀念，有了倫理道德的觀念之後，就可以有一種尺度去衡量我們的行為和外在世界的存在，這就是價值批判。

價值批判的方式，是站在人的立場去知人、知物、知天，同時在知的方面，再往上一層去分類出比知更高一層的倫理道德的境界，即知物、愛人、敬天的情形，在敬天方面發展了宗教哲學，使得人性慢慢地可以往神性去發展。

　　當然新士林哲學的許多派系中，主要的是承襲了聖多瑪斯的思想，以為哲學與神學畢竟需要劃分清楚，而哲學仍然以理知做中心，以理解的方式解釋宇宙與人生，而神學仍然是以啟示做為中心，人的信仰做為工具，可是如同中世的士林哲學一樣，人性的提升，固然一方面可以由於理知的提升，但是從理知的提升變成的超人，可不比透過從信仰走上神學基礎的聖人；因為人性的沒落以及我們可以用內省的方式感覺出來每一個人有創造的能力，但是也有破壞的能力，而破壞的能力有時候比創造的能力強，所以會提出類似中世時所想到的人性的缺陷與人性的極限。

　　在人性的極限中，人固然可以發展一種哲學，而且可以指出哲學的動向，可是要完成人類的這種方向，就已經不是靠哲學的能力，而是依靠超越理知之上的一種信仰，即宗教所謂的啟示真理。

　　十九世紀後半期的哲學，雖然有新康德學派，歸納形上學與新士林哲學做為中流砥柱，仍然抵擋不了德國的唯物論、法國的實證論、英國的功利論與美國的實用主義，所以在西洋十九世紀後半期的主流中，仍然以唯物論、實證、功利、實用主義做為主流，而很大一部份的思想家都受了唯物、實證論等的迷惑，加上政治的因素使得共產主義與進化論得以相輔相成而危害人類，成為欺騙群眾的政治工具，蘇聯如此，中國大陸也如此。

　　雖然西洋十九世紀曾經迷失了，但在二十世紀的哲學之中，有先知先覺之士起來痛定思痛，發展了可銜接傳統的一些新的思想，站在人性以及人道的立場，甚至利用科學的方法，重新證明人性的種種與人道的種種。

第二部分　二十世紀哲學

西洋的哲學，本來是以救世的面貌出現，所以在每一期文化走上末路的時候，都是由思想家出來挽救，就好像羅馬沒落的時代，有東方基督宗教的思想來拯救，又如文藝復興時代、啟蒙運動的時代，思想走上了偏差，專門注重知識的問題，而由康德以倫理道德的問題出來拯救，甚至由康德以後的德國觀念論，再以整體的宇宙架構體系來說明人在宇宙中的地位，說明人性之所以能提升自己，是因為它本身是向著絕對精神發展的存在物。

哲學在近代，由於脫離了中世的思想，因此也就無法壓制住白種人侵略的野心；自從近代文藝復興之後，哲學一直是混亂的局面，無論是理性主義所導引出的獨斷主義，或由經驗主義所導引出的懷疑論，也無論康德出來以批判理性的方式聯結兩派的主張而創造出一種新的哲學體系，甚至後來的德國觀念論，把道德哲學、藝術哲學、宗教哲學推上了高峰，把唯心論變為絕對的，可是其他的學派在百花齊放的氣氛中，互相在哲學的園地中爭地盤。

一直到二十世紀，人類又慢慢地覺醒了，他知道人性的沒落是人類精神生活的疏忽，由於人太注重下層世界的功利，而忽略了上層的價值批判，並且個人主義因為民族的意識和工業的發展，也漸漸地抬頭，而對整個有系統的哲學和有系統的人生觀也不感到滿足，也就因此二十世紀的哲學所提倡出來的，大部分是針對二十世紀人性的弱點；也就是說，設法拯救個人脫離這種狂妄的思想中。

二十世紀哲學可以說有兩個大的派系，一個派系是專門注重人內在的體驗，希望能夠從個人內心的反省之中，找出個人人性的一條出路，即此派不再希望用一種邏輯的公式，或任何的一種規格和規範，來解說籠統的宇宙或人生的問題，而是以個人的體驗來解釋每一個前因和後果。另外一種派系是希望為人類或世界找出一種不變的原則，然後再依照這個原理原則去建構一種偉大的宇宙論或人生哲學。

如此屬於前者的思想，就是存在主義的思想，屬於後者的就是邏輯實證論以及現象學的思想，雖然這種二分法無法完全地概括了二十世紀的思想，因為二十世紀思想的開端是針對十九世紀後半期思想的末流而發的，針對德國的唯物論有現象學的出身，針對法國的實證主義有生命哲學的誕生，針對實用主義有工具主義的出現，所以我們在探討二十世紀哲學的時候，要提出的就是能夠指引二十世紀的人類不再走十九世紀後半期的唯物實證路線的一些德語體系的現象學，以及法語體系的生命哲學、英語體系的價值哲學。

剛才提及二十世紀哲學的特徵，有一種是個人主義，可是這種個人主義又分為兩方面去看，一種是屬於不相信有任何公準，也不希望設立任何派系，只是想辦法在自己的生活體驗之中，能夠做到一種隨心所欲的境界，這種主義所發展出來的就是存在主義的哲學；另外一種從個人出發的思想，是用古代傳統的Logos，這Logos可以是思想的法則，也可以是宇宙最終的本體，也是以個人內在的思想體驗，由這種體驗而創造出哲學中普遍的原理原則，此種思想也就是現象學以及邏輯實證論。

當然我們說這種二分法也有不周全的地方，因為個人主義這個名詞已經被人所誤用，以為它是屬於自私主義，誤以為他是不和其他人或社會合作的思想，可是我們在這裡所談的哲學上的個人主義，是以

自己內在的經驗做為哲學的基礎；換言之，這種思想的基礎從個人出發，希望變成普遍性的原理原則，這種思想就是現象學以及邏輯實證論的思想；另外一種如生命哲學或存在主義，就是設法不創立一種公準，而是以自己個人的體驗，把它描述出來，然後去實現它。

屬於邏輯實證論或現象學的派系所導引出來的原理原則，可以說是恢復到古代亞里士多德的思想，亞里士多德的思想與二十世紀以Logos為中心的現象學有很多相似之處，也就是說二十世紀的思想有很多還是承傳了亞里士多德的法則。存在主義的哲學跟隨著胡塞爾的現象學方法，從可能性出發走上了虛無的領域，這種思想從存在走上了虛無，也就是每一個人在日常生活體驗當中感受的所有憂懼、矛盾、荒謬的一些概念，覺得人生的存在無任何意義，可是也有一批存在主義學者，認為人應該在荒謬之中站立起來，替自己的生命創造出一種意義，這也是胡塞爾現象學的另外一種作用。

至於邏輯實證論所走的一條路，是希望能夠把哲學歸屬於科學的範圍之中，因為他們相信科學所討論的真理是可以檢證的，可以在感官世界找到證據，而也能夠用數理的原理原則方式把它化成公理和公式，使得我們更可以加以運算，當然我們站在人性的立場，覺得人性所包括的，一定是超過數理的原理，它有很大的一部分不是屬於數理法則的；這麼一來，二十世紀的思想，從存在主義和邏輯實證論之後，似乎又要走上另外一種思想，也就是我們在本書的前半部已經提出來的德日進的思想，他希望能夠統合科學、哲學與神學，走上人的統一性，而把人性對於知物、知人、知天的這三知，都能夠統合起來討論，也能夠把人的存在、生命、意識、精神各方面的層次，以及人所追求的真、善、美、聖的層次，也就是說科學、倫理、藝術、宗教都一起加以討論，完成人在整體哲學當中所有的思想體系。

二十世紀的哲學中，最有貢獻的當然是法國生命哲學鉅子柏克森以及德國的現象學家胡塞爾，他們兩個不但破解了西洋實證唯物論的思想，而且也使得人更可以利用自己生命的體驗，用自己意識的層次，來發展知識論、本體論、甚至從知識論走上本體論、走上形而上的境界。

在柏克森與胡塞爾出現以後，唯物主義與實證主義的時代很清楚地已經過去了，唯物主義現在所殘留下來的只是在政治的圈子裡，在共產主義的國家中當做是一種口號，談不上學術的地位；至於實證主義則參雜了一些其他的人為的實用、實證、功利的思想，在政治的圈子裡還可以霸佔一些社會科學的地位，可是哲學上的地位也漸漸地沒落了。

從十九世紀過渡到二十世紀的一種哲學的動向，可以很清楚地舉出的，法國有實證主義，而法國十九世紀的實證主義被它們二十世紀的生命哲學所推翻，生命哲學成為法國二十世紀哲學的主流；在德國方面，唯物論是德國十九世紀後半期思想的重心，這種唯物主義本身很湊巧也是由德籍的猶太人馬克斯所發明和推廣，可是在德國二十世紀裡也有一位德籍的猶太人胡塞爾起來反對馬克斯主義，德國二十世紀的主流也以現象學做中心而發展。

在二十世紀中，由生命哲學與現象學所導引出來的精華，是由存在主義哲學所接受，而這個存在主義的哲學把人生的四個層次：物質、生命、意識、精神統統加以討論和發揮，再從這四個層次去看，關於物質的層次，也就是自然主義的討論，即十九世紀唯物實證的課題，在這唯物實證論的科學口號之下，他們也加進了「發展」和「進步」兩個概念，而也就從生命哲學與現象學的發展，把同樣的「發展」和「進步」這兩個概念，不是應用到物質的層次，而是應用到生命、意

識、精神的層次；也就是說，在哲學的發展中，不但是對知識的發展，另外在知識之上，還要發展道德、藝術與宗教，把哲學的對象，不只是局限於哲學這一方面，同時發展到善、美、聖這三個層次。

第一章　生命哲學

在我們日常生活中所接觸到的各種事物的存在，除了物質以外，很清楚地還有生命的現象，而且這種生命的現象，不是單獨存在，而是陪伴著物質出現的東西；雖然如此，生命體的結構和物質本身的結構有很大的差別，物與生物之間，呈現出本質的差別，也就是我們在知識論所謂的物質的層次與生命的層次，而生命的層次超過了物質的層次，無論是在它的結構方面，或是它所表現出來的現象方面。

在以前希臘，大哲學家柏拉圖以及他的弟子亞里士多德就已經運用最原始的方法，實驗出生命體與物體之間最大的差別，柏拉圖曾經解剖過青蛙，他發現如果我們把一張桌子拆掉，變成每一部分，然後再把這些部分湊合回去還是一張桌子，可是把一隻青蛙解剖以後，成為青蛙的每一部分，可是再也湊不回去了，那是為什麼呢？因為青蛙是一個整體，一分解以後，就不是一隻青蛙了，而桌子本身不是一個整體，它是由部分所構成的，所以由部分就可以構成一個整體。

因此柏拉圖提出一個公式，來界定物與生物之間的分別，他說：所有的物質是全體等於各部分的總和，可是生物卻是全體大於各部分的總和，這個多的部分就是柏拉圖所謂的生命本身。到了亞里士多德的時候，生物比物高一層的概念又提升了一層，亞里士多德以為物質是部分先於全體，整個的全體是由部分所構成的，但是生命體卻不是部分所構成的，先有全體後有部分，每一部分是由全體所出生的，所以生命體的存在，是全體生出部分，而其他事物的存在，是部分構成

全體。

也就因此，在古希臘已經發展了物與生物之間根本的差別，再加上生物學經過二千多年的發展和進步，生命哲學的原理漸漸地為學界所公認了，也就是說我們在處理整個世界的存在層次之時，不能夠一律地以物理或數理的方式去解決，因為生命是高於物質的、物理的存在。可是西洋十九世紀後半期的思想，尤其是以孔德做代表的實證主義的思想，以為討論世界上的東西可以用實證科學的方式，以數理的方式去探討，這麼一來，豈不在哲學上走了偏差；因此就在法國本身也出現了同樣以實驗的方式來證明出世界上的存在，不但有物理，而且有生理，不但有物質，而且有生物，不但有東西部分構成的全體，而且還有由全體出生的部分的東西。

於是如果生命體本身根本就不是湊合的東西，它有部分，可是部分卻不先於全體，而是相反地，先有全體，然後由全體生出部分，那麼在討論生命的時候，就應該有生命的原理原則，在討論生物的時候，就應該以這種生命的原理原則來界定它，不是以純物質的東西來界定。因此我們也就不會覺得奇怪，當法國的柏克森提出生命哲學以後，而孔德的實證主義就遭到了學術界的否定。

雖然我們說從柏拉圖以及亞里士多德已經開始發展了生命的存在和生命階層的不同，而且也經過那麼長久的對生命的體驗與發展的時期，有了生命哲學(Lebensphilosophie)這種東西，可是生命哲學的類型畢竟還有很多，我們在這裡分三種角度去探討，即形上學的生命哲學，精神科學的生命哲學，自然論的生命哲學；站在這三個立場去看，形上學的生命哲學是發展在法國，針對反對形上學的實證主義的系統，精神科學的生命哲學則發展在德國，是針對唯物主義對於精神生活的疏忽，自然論的生命哲學也發展在德國，是針對機械唯物學說的偏差，

提出一種修正。

我們現在就分節討論生命哲學的全般：

第一節　形而上的生命哲學

西洋哲學的發展到了十三世紀，就開始劃分為人文以及自然兩方面，人文的發展方面以巴黎做中心，所以法國的人文思想，可以追溯到十三世紀，可是從十三世紀發展到十六世紀，這種人文的思想曾經一度沒落，這種沒落引起了西洋十九世紀後半期的實證主義的學說，當然實證主義的學說直接來自工業革命對於物質享受的誤解，另外一方面也是受到啟蒙運動過於強調個人的自由而導引到放任的思想。

到了二十世紀的初年，法國人又重新反省到生命的意義，他們對於生命的體驗又漸漸地回到哲學的整體觀，以整體的宇宙和人生去衡量各種的問題，生命哲學首先提出來的問題有下列四點：

1.為什麼哲學總是要把整體的個人分為二元來討論，分為靈魂與肉體呢？

2.為什麼把理性分為純理性與實踐理性呢？

3.人的尊嚴和價值是否可以在數理的法則上去尋找？

4.哲學應該討論「人」的問題，而不是把「人」當做問題來討論。

從以上的四個問題看來，就是要發展哲學應該是一個整體的，因為在這個整體的問題上，很顯然的是針對十九世紀實證主義的方式，問形而上的存廢問題，如果形而上不存在了，能否算是哲學？生命哲學家以為唯有透過形上學的原理原則，才可以談到哲學的整體性問題，才能夠以精神的價值站在永恆的形相之下去理解事物。

法國的生命哲學開始的時候，還是在實證主義的科學信仰停下來

的地方，實證主義所提出的哲學重心是科學萬能，以為人類只需要以感官的作用，就可以了解事物的真相，所以法國的實證主義提出的哲學結論是：物質層次的體認，就是整個宇宙的真相，連人在內都屬於數理法則所命定的，人類歷史中所出現的一些宗教、藝術、倫理以及一切形而上的神秘世界已經是過時的東西，不符合科學，同時又是虛幻的；可是生命哲學家卻以為縱使站在實證主義本身的立場，我們也應該去體驗一下究竟生命是否和物質是同一的東西？

當然他們在歷史之中，已經知道在希臘的時代，連柏拉圖與亞里士多德都能夠分清楚生命與物質的層次，因此形而上的生命哲學家要提出實證主義的扁平的宇宙，應該把這種宇宙再重疊起來成為一個立體的。形而上的生命哲學同時還指出在看得見的感官世界的後面，仍然有看不見的真實世界的存在，生命本身就是看不見，我們所見到的，只是生命的現象，這個生命現象的背後應該有一種生命的實體，雖然生命需要藉著物質展現出來，可是物質並不是生命。

形上學的生命哲學家最大的貢獻，就是能夠在物質世界之中重新找到生命，甚至更進一步地，在物質中找到了生命中的精神，在生命裡面再重新探討人生的根本問題。形而上的生命哲學家，我們在這裡舉出兩位做為代表：柏克森與布朗特；分述於下。

㈠柏克森(Henri Bergson, 1859～1941)

柏克森是法國二十世紀最偉大的哲學家之一，他首先發展了形而上的生命哲學，也是他首先消解了實證主義在哲學之中的毒素，他的著作出版次數之多，只有當時最著名的小說可以比擬。

甲、生　平

柏克森於一八五九年生於巴黎，與德國的胡塞爾、美國的杜威同

年，柏克森的祖先來自英國，可是他的母親源自波蘭，柏克森天生聰穎，少年之時已經博覽群書，在求學途中，對於機械唯物很有興趣，可是他同時可以跳出機械唯物的束縛，而在機械唯物之後，找到了智慧的存在，他在哲學的探討中，指出了機械論與唯物論、實證論與功利論都無法解決宇宙與人生的問題。柏克森最先研究了自然科學，他也注意到達爾文的進化學說，可是在進化的學說中，它所注重的不是進化的過程，而是進化所得出來的生命；他提出了「生命衝力」(élan vital)的啟示，以為生命是超過了唯物和機械，而走上了精神，因為只有以精神的方式才可以解釋目的的存在，在時間上，「發展」和「進步」的概念，固然可以指出世界在進化，在進化之中，人類是擁有創造的事實。

柏克森最主要的方式是提出了一個人對於生命的體驗，這種生命的體驗，柏克森認為應該用直觀的方式才可以表現出來，因為感官世界的存在，透過感官可以認知，可是感官並不是完全停留在感官事物上，感官的作用不是自己本身作用，而是感官後面的認識主體在支使著感官去認識，因此這種認識的主體它不是感官，卻是感官的主人，好像我們所認識的現象，事實上不是認識現象，而是現象後面的本體一樣。

也就在整體的宇宙和人生之間的關係上，柏克森漸漸地找到了生命的意義，柏克森一生都在學習、教學、演講、著述中度過，他曾經做過法國公學的教授，自一九〇〇年開始，由於健康的緣故退休，柏克森一生獲得許多的榮銜，曾經當選為法國中央研究院院士，並且曾經在一九二七年獲得諾貝爾文學獎。在第一次世界大戰之後，柏克森傾力注意世界和平的問題，以為人與人之間是平等的，民族與民族之間也是平等的，所以他想努力設法通過人際間的合作，使世界走進和

平的途徑，可惜於一九四一年，正當第二次世界大戰之時，德國的納粹破壞了和平，也侵佔巴黎，而柏克森也就在這一年與世長辭。

乙、著　作

《意識之直接與料文集》(*Essai sur les données immediates de la Conscience,* 1889初版，1946第五十三版)

《物質與記憶》(*Matiére et mémoire,* 1896 初版，1946 第四十六版)

《笑》(*Le rire,* 1900 初版，1946 第六十七版)

《創化論》(*L'évolution créatrice,* 1907 初版，1946 第六十二版)

《倫理與宗教之二源流》(*Les deux sources de la morale et de la religion,* 1922初版，1946 第四十八版)

丙、著作導讀

西洋哲學從十八世紀開始，就設法把握時空的範疇，來界定時空的事物，柏克森也在這種哲學的潮流之中，先開始知識論的問題，因此我們唸柏克森的著作時，先要知道他生命的重心所提出的一些問題，是由意識開始，從意識談及物質的問題，然後從物質如何講到知識論，如何提出人的知識屬於消極的感受；可是在另一方面，也談到意識它可以創造，這種創造與進化有平行的關係，因為在創造裡，人不但是創造了倫理，同時也創造了宗教、藝術。

我們讀柏克森的《意識之直接與料文集》，可以知道他知識對象的問題，知識的獲得，就柏克森而言，是他做學問的初步工作，意識有自覺，它可以自己覺察到自己的二元，也就是「命定」與「自由」，人在自覺之中，可以直接感受到一些命定的東西，但是他也很清楚地知道，除了命定的事情之外，自己還有一些東西可以支配，即還有一些自由的部分，自己可以選擇的東西。一般說來，就我們物理的或生理的層次而言，多半是屬於命定的，沒有自由的行為，就如同我們的消

化系統、生長系統是沒有自由可言的；但是在另一方面，也就是在我們的精神生活層面，至少是從心理的層次開始，我們有自由。

在《物質與記憶》這部書中，柏克森所指出的，不但人性有精神與物質的二元，而且就在知識的各種實證上，精神是主，物質是副，大腦固然是記憶的地方，是我們知識記憶開始的地方，但是它只是一條件；因為在柏克森哲學看來，記憶有兩種，一種是機械唯物的，和禽獸相同的記憶，完全靠腦神經系統的保存，而養成一種對生活習慣的意識；另外一種是人類獨有的，能夠把過去的東西有系統地收集起來，當做歷史的資料，又用這些資料，做為開創生命機運的機會，使得人在精神的生活中，表現出「人為萬物之靈」的事實，人可以知道歷史的教訓，可以批判歷史，因此在他的歷史之中，有「發展」與「進步」，而禽獸只有發展而沒有進步。

《創化論》一書所表現的，一方面承認物質世界進化的現象，而另一方面也指出所有的進化事實都是人性或超人性的創造，宇宙間一切的現象，從大處看來都是創造，從每一個小節看來是進化，這種「創化論」，不但是指出了人性的精神能力，同時指出了人性的「生命衝力」，藉著「生命衝力」可以使得物質進化，使得人性得以步步地超升。

《笑》一書中，也是指出人性特殊的天分，它指出精神如何透過物質而表現出來，然後就是《倫理與宗教之二源流》，指出人性是合群的、社會性的，它可以是開放的，也可以是封閉的，它如果開放的話，就可以發展倫理道德以及宗教的概念，倫理是人與人之間要開放，宗教是人與上帝之間要開放，二者之間最後的目的都是導引人性向上發展，止於至善。這「至善」的追求與體認，就是倫理與宗教二者共同的目的。在宗教的境界之中，柏克森提升了自己的存在，把一切都投向了神秘的、超經驗的、超理知的境界、與神秘的上帝取得交往，心

靈也就止息於面對上帝的神秘之中。

丁、學　說

柏克森的思想大綱，我們可以分為三點介紹，首先由於他要解釋實證的問題，要反對實證論，所以他首先利用實證的方法，實證主義所強調的是，一切都以感官的、自然科學的方法做為衡量人生的尺度，柏克森就針對當時所創導的實驗方法，以清晰明瞭的文字，在物理的探討中，來研討生命現象。

柏克森首先提出觀察物與生物的現象，用「生命衝力」做為物與生物之間根本相異之處，然後他再提出精神主體的「人」，如何利用自己的自由來抉擇自己的行為，這種以自己的自由去選擇目的，當然是超越了機械唯物。如果數理的法則無法在生物界完全運用的話，則在我們的人生哲學中又如何利用數理的法則來界定呢？所以柏克森以為生命的問題，縱使是利用實證的方式，也應該找出物與生物的相異之處。

在「生」的過程之中，一個生命體有延續(Durée)的功能，它有生生不息的原理，一粒豆子雖然可以用實驗的方式，把它分為許多部分，可是它卻不是由部分構成的，它是生的，它是由整體而生的，生命的現象，並非由部分所湊合起來的整體，而是由沒有部分以前的整體所生，這是生命的因子，生命的因子在整個實驗室之中是找不到的，可是一粒豆子只要供給它陽光、空氣、水，它就會發芽吐葉，開花結果，結出與自己相同的豆子，可是在數目上已經多了很多的豆子。因為在「生」的現象之中，可以一代一代地延續下去，可以說是變成無限。

因此生命就在現象當中的表現，也超過了物理的存在法則，因為它有「生命衝力」，不但要延續自己的生命，而且要把生命流出去，創造更多的生命。因為生命在物質當中有大的變化，並且在生命之上，

還有意識的層次，更有精神的層次，這麼一來，人既然有生命、意識、精神的層次，則在人文的社會上，豈不更應該超過數理的法則嗎？

所以我們知道柏克森的生命哲學最大的貢獻，是在物質之內重新找到了精神，在人性的生活中重新肯定精神的價值；十九世紀後半期的實證論者以為思想只是腦神經的運動而已，柏克森卻指出固然人在思想的時候，腦神經在動，腦神經不動了，思想也就停止，可是如果單以這種現象來做論證的話，柏克森要問如果把衣服的架子看成衣服，則他的理由是否一樣呢？思想與腦神經的關係，如同衣服與衣架子一般，思想的時候，腦神經在動，腦神經不動，思想也就停止，同樣地，如果衣架子在動，衣服也動，衣架子停止了，衣服也就不動了，如果衣架子掉落地下，衣服也隨之掉落；可是雖然如此，衣服卻不是衣架子，衣架子也不是衣服。同樣地，如果某人腦神經生了病，腦神經失常，則思想不合邏輯，腦神經如果完全失去作用，也就不會思想，但是腦神經是腦神經，思想也永遠是思想。

柏克森以為如果以物理的法則來衡量人的生存的話，我們如何解釋如果某人少了一隻手或斷了一條腿，而又有和斷手或斷腿以前一樣的思想呢？如果我現在決定要寫一本書，我對此書的設計有十二章，如果我不小心遭遇意外而斷了一隻手，是否這十二章的書就減少為十一章呢？生命在生活之中，就好像精神在人之中一般，它會把物理的層次提升了，生命是整體的，精神也是整體的。我們唯有了解這種關係以後，才能夠真正地談到人生的問題。

柏克森的思想第二個進程，是論及創造的進化；也就是在「生命的衝力」中，我們很容易覺察到生命的整體性，就連一株椰子樹，它也知道生命的整體性，當冬天來臨了，水分比較少，它就會把葉子一片一片地丟棄，保留樹桿，如果繼續枯旱，它連樹桿都會枯掉，只保

留根部的生命，明年春風又吹又生，總不會有一株椰子樹因為愛美而不肯丟棄葉子，而先枯乾根部。生命如此，人的精神也是如此，他有一個價值的批判，他知道何種價值比較高，所以當人家打你一棒子的時候，你不會用頭去頂，而是以手去擋，人家會問你是否不要手了呢？手是必要，可是你更需要頭，頭比手重要，手斷了可以裝義肢，我們是否曾經看到某人裝了一個假頭呢？

因此在所有的這些選擇之中，漸漸地顯示出智慧的價值批判，也看出了整個創造的目的，當然在柏克森的心目中，徹底的進化論，所有的都是靠機運的話，他是否定的；柏克森以為的進化，是參雜了創造的學說，就整個的進化都有一個目的，這個目的是精神所決定的東西，人也就在這種創造與進化的相輔相成的發展中，找到了自己的自由，而在自由之中選擇自己的目的，人性因為有自由，所以他會選擇，他知道什麼東西有價值。

在柏克森的哲學中，人性只有一條法則，就是自由，自由也只有一個目的，就是目的的建立。人性的進化，固然可以由物到獸，由獸到人，可是這種由獸到人或由物到獸卻不是機械的，也不是偶然的，而是有目的的，這個目的在人以前，是受上帝的控制，發展到人以後，是自己要決定，因為有了自由的恩賜。

進化原來是事物存在的發展和進步的法則，利用進化可以解釋宇宙間的一切生成變化，但是這一切生成變化所依據的進化本身就需要向著一個目的，這目的需要有理性的，有智慧的，它可以是人，尤其是在人文世界中，它也可以是上帝，就好像在整個的自然世界一般。

人性的進化涉及了更深的「自由」問題，他要自由發展，他要追求進步，他不會滿足現實，他要在精神境界之中為自己創造出美麗的遠景，使自己的理想成為現實，他要用美善來超度人間的醜惡，要以

宗教的永恆來取代此世的短暫。

　　所以最後柏克森的思想進展到道德與宗教的層面，人性因為有生命，又有自由，他可以自己選擇行為，他可以自己設計倫理道德的標準，他可以在所有的事物之上，加上一種價值的體系。柏克森的倫理思想，所著重的問題重心，最主要的是個人修成的各種德目，但是在整個人和社會之間的各項活動，也是衡量德目的真實與可行性的一種規則。

　　在柏克森的學說中，人天生來是合群的動物，孤獨是病態的人生，因此人會跟隨自己合群的天性，用愛的衝力去構成，人與人之間以及人與物之間應該是和平的、和諧的，人類社會的發展，依靠愛的衝力組成了家庭、種族、社會、國家，人類在群體生活中，遵守著家規和族法，在開放的社會中，表現了人的自由以及各種自由的行為；可是人有自由，他也可以生活在封閉的社會之中，他可以自己一個人決定一種人生觀，不受任何人的左右，他可以為這種人生觀去生或去死。人性倫理道德的建立，就在這種自由抉擇的意義，因為人自己有一種內在的目的性，他生來就知道什麼是好，什麼是壞，也知道好的事情應該去做，壞的事情應該避免；固然整個的生活環境可以改變某一個程度的東西，可是擇善避惡這原則是無法改變的。

　　柏克森以為人性並非進化的終點，人性的進化還需要達到神性，但是這人性到達神性的路線，還是屬於目的選擇，不是機械的，柏克森能夠在物質之中找到精神，同時也能夠把精神放於物質之中，可以說是倫理道德與藝術宗教的最後的一種啟示與最後的思想成果。

　　人因為他有創造的能力，所以他在世界上是工匠人，可是人因為他有倫理道德，宗教藝術的規範，所以他是智慧人，工匠人使得人可以很具體地生活，而智慧人卻為了人的理想去生活，他要完成人格，

走上至善的境地。

也就因為如此，柏克森倡導了宗教的形式，因為宗教的功用，是給予人反省的機會，使得人生活在物質之中，可是仍然應覺到精神的存在，在所有的物質世界上，看到精神的作用，在自身的生命體驗之中，以及價值批判的選擇之中，人會選擇精神，而利用物質的肉體幫助精神超度。

所以柏克森在最後的哲學中，提出了人的神秘經驗，這是每一個人在自己宗教生活中的體驗，不可言傳，只可以體會，這種體會是人性與神性的最終合一，也是人類生命發展的最高峰，柏克森以為這種情形就是人性與神性的合一，也是人性進化到神性的一種最終存在，而且是神性在創造人性與萬物之時，所賦予的最終目的。

㈡布朗特(Maurice Blondel, 1861～1949)

甲、生　平

布朗特是法國二十世紀著名的宗教哲學家，布朗特和柏克森相同，在開始求學的時候，也接受了實證主義，在著作中慢慢地出現了革新的思想，而且在當代思潮的革新中，相當受重視，因為他可以在實證主義之中看出了實證主義的錯誤，同時可以在實證主義的思想之中獨樹一幟，能夠超越實證的時代，跳過十九世紀的時代，甚至再跳過十六世紀，回到精神與思想的傳統之中，尤其在宗教的哲學中，開始去體驗人性。

布朗特的最大貢獻，在於整理了西方傳統的「知」與「意」的問題，以為人性全面的行為之中，除了知識以外，還有意志，除了理知以外，還有意志，可是從邏輯可以導引出知，只能夠從意志導引出行動。「知」和「意」的探討，使得布朗特在根本上超越了實證主義的實

驗，以為物性的知不可能把握全部的真理，如果要把握真理的話，是整體人的體驗。

布朗特一生都在教書，在講堂上宣揚了人的整體性以及人的價值。

乙、著　作

布朗特著作很多，列舉下列較為著名的：

《行為》(*L'action*, 1893)

《思想》(*La pensée*, 1934～1935)　二冊

《行為》(*L'action*, 1936～1937)　二冊

《存有與存在》(*L'étre et les êtres*, 1935)

《基督精神哲學》(*La philosophie de l'esprit chrétien*, 1944～1946)二冊

《基督主義哲學要素》(*Les exigences philosophiques du christianisme*, 1950)

丙、學　說

布朗特的哲學思想，是當代思想與傳統哲學的關係的再探討與再反省，因此對生生不息的宇宙現象來講，布朗特發揮了最大的功效與最大的精力，他希望能夠走中世哲學的路子，從知識論走上形而上去，布朗特最獨特的地方，即在形而上的探討中，不但是從知識的觀察著手，而且一開始就有了整體直觀的計劃，他提出了人做中心，提出人的意識做中心的路線。

布朗特的問題，不在於提出物質與生物現象的區別，而是直接問及人生是否有存在的意義，因為這種問題在十九世紀和二十世紀之間，人類似乎遺忘了，人類所追求的是你爭我奪的社會，尤其是西洋人的世界，所追求的是殖民與奴役，可是布朗特提出這個問題以後，當然受到社會的重視，因為有思想的人畢竟還是要問起人生意義的事情，

也就因此布朗特用幾種方式來發展自己的思想。

第一是他的形上學，繼承了柏克森的思想，設計了人性整體的對外的動向，布朗特以為整體的生命現象都是行動，行動不是消極的，而是積極的，是一個人自動自發以及內在的目的性去追求的一種東西的行動，行動也不是一般理性所能夠了解的，也不是人性、物性可以把握的，在布朗特看來，生命本身就是一種積極的力量，這種力量必須在行動中才能表現出來，行動在布朗特的先期思想中，總以為應該先有行動，然後才有存在。

因為世界的一切都在動，沒有一樣是靜止不動的，所以布朗特的形上學，認為人在宇宙之中，是一個有機體，而且是與宇宙合一，共同擁有一種生生不息的生命；這種生生不息的生命，指出一個目標，指出一個行動的目的；可是我們所抵達的，由於人性不只是有精神，而且有肉體，所以所追求的最終的目的，如果是純精神體的，也能夠在我們物質的肉體中感受得到，也因此就布朗特而言，整體的宇宙，無論是精神的，或物質的，都屬於整體，我們能夠從精神的直觀去接觸這整體的宇宙，也可以用肉體的感受感覺到一部分宇宙的真相。

當然布朗特的哲學仍然認為人是萬物之靈，他能夠超越物質世界，與造物者遊，可是在另一方面，他反省的結果，認為自身的人性，也不是絕對的本身，它需要向外求，它需要外在的東西，給它一種滿足；因此他認為人雖然頂天立地，他反省自問的時候，也會覺得自身的極限，他需要走上絕對來滿足自己，也就因此，在布朗特的生命衝力中，補足了柏克森的思想，他能夠從人的自身感受之中，從肉體走上精神，從精神走上上帝，所以在布朗特的思想中，他把思想和存在用行動聯起來了，把物質與精神也用行動聯起來了，這種生生不息的行動，是生命哲學一個很主要的特色，這個特色由布朗特發明，然後由生命哲

學漸漸地發展下去。

　　可是同時在這種行動的解釋之中，人因為受了物質的束縛，他無論在肉體上或精神上，都會有受苦受難的感覺，布朗特最後要問受苦受難的意義，這種哲學的問題，只能在宗教中獲得解答，布朗特以為面對死亡也是人的一個極限，人會感覺到迷失與恐懼，受苦的意義，也會給相信超越的人一點點希望的心情，它的原因就是生命現象的一種，因為一粒麥子不掉入地裡死了，終究是一粒麥子，如果死了、壞了就會結出許多果實，也就指出生命的意義不一定在佔有，也可能是施與。

　　布朗特的第二步思想是歷史哲學，因為行動需要實踐，需要延續，這種時間的延續，就造成了人類的歷史，所以一切的進程，一切的行動都是以人做中心，因為這個人從行動裡面得到了存在，而這存在又延續下去，因此成為一種「變成」，「變成」的意義是在雜多中追求一種單純，在矛盾中尋求統一，因為是「變成」，所以指出整個的世界都不是靜止的東西，因為它不是靜止，所以要行動，向著更好、更美善去發展，宇宙也就因為自己的極限以及自己的不健全，因為自己希望健全，所以常常覺得有再生的痛苦，這種再生的痛苦，有如產婦在產前分娩的痛苦一般，可是這種痛苦的體驗不是悲哀，因為跟隨著痛苦而來的，不是死亡，而是生命。

　　就因為人和整個的世界都在「變成」這個過程之中，那麼這個「變成」到最後是什麼呢？是否是倫理的「善」？是否是藝術的「美」，是否是宗教的「神聖」呢？就布朗特的答案而言，人生以及整個宇宙所追求的，到最後都是「真善美」的本身，也就是說哲學的最終歸宿，還是回到神學之中，人的知性最後的歸宿，還是到達信仰的地步，尤其是人清晰明瞭的知識，最後還是走上神秘的境界。

因此布朗特能夠從形而下的領域走上形而上，在法國實證主義的時代的確是一大福音，這種福音可以帶領實證論的人士走上生命哲學的地步。

第二節　精神科學的生命哲學

此派生命哲學在德國發展，以人與人的生命做中心，而不再把宇宙的整體生命當做討論的課題，以人的生命做中心，特別注重的是內心的一種感受，這種內心的感受，可以追溯到中世奧古斯丁的哲學，以自己內心的追求，做為哲學探討的中心。

此派有三位思想家可以做為代表，一一介紹於下：

㈠狄而泰(Wilhelm Dilthey, 1833～1911)

狄而泰是精神科學的生命哲學的代表，他曾經做過巴色、奇而、市策士勞、柏林等大學的教授，尤其在柏林大學的時候特別有名，他最主要的構想，是從生命的本身、生命的體驗而認識生命。他以為在哲學之中，不應該有一種形而上的構想，從形而下去體驗，著作豐富，列舉較為重要的：

《精神科學導論》(*Einleitung in die Geisteswissenschaften*, 1883)

《描述心理學與分析心理學之觀念》(*Ideen über eine beschreibende und zergliedernde Psychologie*, 1894)

《文字學之起源》(*Die Entstehung der Hermeneutik*, 1900)

《經驗與詩歌》(*Das Erlebnis und die Dichtung*, 1905)

《歷史世界之構成》(*Der Aufbau der geschichtlichen Welt*, 1910)

《世界觀之種類》(*Die Typen der Weltanschauung*, 1911)

從這些著作中，我們知道狄而泰的思想，他是從心靈的體驗中開始，覺得環繞著我們的存在，有時空以及時空之中的環境，在我們的生活裡，尤其在我們心靈的思想上，有許多新陳代謝的作用，而在這些新陳代謝的作用的體驗中，我們會慢慢地發現很多事情是相對的，雖然在我們的生活體驗中，許多事物是相對的，可是心靈內總有一個追求絕對的傾向，這種絕對的傾向，就是我們生命的能力，人唯有依靠這種生命的能力，才會對未來有希望，生活才有意義，生命有積極存在的價值。

狄而泰從心理學出發，否認人的生命是屬於機械系統的，更否認人如果要認識東西，尤其是要使得自己本身超升是由於物理或唯物機械的系統；他以為人的生命最主要的是一種生的象徵，這種生的象徵就是人的靈魂，靈魂不但擁有一種生命，而且擁有一種活力，這種活力能夠使得它不但適應環境，而且改造環境，從一個情況走上另外一個情況。

這種走上另一種情況的體驗，就是人生的一種跳躍，這種跳躍是每一個人只要反省自己內在的行為就可以體驗出來的。人的反省等於人的自覺，是從意識出發，不但有認識作用，而且有超越的作用，也就是說，這種行為不但是知識論的，而且也是本體論的，不但是人對於外在世界的把握，最主要的還是人對於自己本身的把握。

狄而泰的精神科學所用的方法，是屬於歷史的方法，他希望人能夠在歷史之中，去尋追語言、宗教、社會型態的起源，在這些社會型態的起源之中，可以看出每一種民族文化的類型，從這些文化的類型去陶冶每一個單獨的人，每一個單獨的人在每一種社會型態中都有獨特的個性，固然社會陶冶了個人，可是先知先覺的個人總是領導了社會，而且在社會之中提出了人生的原理原則。

可是這種個人引導社會的原則，倒是變成主觀的東西，因此狄而泰在學說中特別重視「相對」的問題，雖然他可以在人的心裡找到一種嚮往絕對的傾向，可是在整個歷史的演變中，他畢竟設計了一種相對的文化體系，以為研究所有的東西，都不能夠訂立一種普遍的法則，而只能夠在一種文化當中看出特殊的人物。因此對狄而泰而言，形而上的建立是一種非常困難的東西，我們只好停留在形而下的觀察。

所以狄而泰的生命哲學，雖然是屬於精神科學的，可是最後還是沒有把整個的生命體系建立起來；真正地建立形而上體系的，是繼續狄而泰所沒有解決的問題的沁姆。

㈡沁姆(Georg Simmel, 1858～1918)

沁姆生於柏林，一八八一年在柏林大學取得學位，三年以後開始為講師，直到一九〇〇年升為副教授，在教學時間，寫作勤奮，可是總沒有成名，也沒有受柏林大學之聘為教授。在一九一四年世界大戰開始的時候，才有大學聘為教授，可是由於第一次世界大戰的關係而無法上任。

沁姆著作很多，列舉主要的四本：

《歷史哲學的課題》(*Die Problme der Geschichtsphilosophie,* 1892)

《倫理學導論》(*Einleitung in die Moralwissenschaft,* 1892～1893)

《宗教》(*Die Religion,* 1906)

《社會學》(*Soziologie,* 1908)

沁姆的學說是針對狄而泰學說沒有完成的地方開始的，狄而泰從文化歷史看到人性對於「絕對」的嚮往是相對的，而且是屬於變化的，沁姆設法在這變化與相對之中，找尋到絕對的、不變的原理原則，沁姆以為在個別的生命之中，尤其是在現象界一切變化的後面，有一個

不變的原理原則在支持，變化當中唯有以變化後面的不變原理才可以解釋；生命之中變化的一切只是外在的環境，而這個外在的環境能夠刺激個人在嚮往著絕對的傾向之中，做一種抉擇，抉擇自己永恆的生命。

人會變化，可是不管如何變，他還是希望變成人，無論此人是從人性到了人格，或是成為超人，他還是一個人性；於是沁姆採取了古希臘哲學中的赫拉克利圖斯的方法，以為在萬物流轉之中，一定有一個不變不動的精神 Logos 的存在，所以他認為如果把生命看為變化的，那麼人的生命總有不變化的部分，所以沁姆說了一句不太使人了解的話：「生命超過了生命」。

這「生命超過生命」語句的意義，是指一個人他如果要認識自己生命的話，就要走出自己生命的圈子，站在一個更高的立場看生命，才能夠得到生命的真相。

(三)愛肯(Rudolf Eucken, 1846～1926)

愛肯生於德國，就讀哥丁根大學，攻讀文字學與哲學，獲得博士學位，一八七一年之後在巴色大學教授哲學，一八七四年在耶拿大學，直到逝世為止。一九〇八年由於對於學術的貢獻，榮獲諾貝爾文學獎。

愛肯著作多，茲舉出幾本主要的：

《歷史與當代之批判》(*Geschichte und kritik der Grundbegriffe den Gegenwart,* 1878)

《精神生活之統一性》(*Die Einheit des Geisteslebens,* 1888)

《生命的意義和價值》(*Der Sinn und Wert des Lebens,* 1908)

《新生命觀導論》(*Grundlineen einer neuen Lebensanschauung,* 1907)

《知識與生命》(*Erkennen und Leben*, 1912)

《個人與社會》(*Individuum und Gesellschaft*, 1923)

愛肯哲學也是跟隨著沁姆，設法修正狄而泰的思想，以為狄而泰的相對不足以解釋生命的意義，生命自身不是一種意義，而是生命之外有一種原理原則在引導生命，因為在愛肯的內心生活中，他認為我們的生命是追求生命以外的一種東西，因此他以哲學的理由說出這個目的本身不再可能是生命，不再可能是相對的；這麼一來，生命與生命目的之間的一種關係，也不可能成為一種相對的，而是一種絕對的東西，生命力去追求這種生命，並且追求比生命更高的一種目的。

也就是說，愛肯指出生命本身是變化的，它的變化是向著絕對發展，而不停留在相對之中。更進一步，生命是一種活的東西，它是依靠它追求的行為，生命一定要在活動當中表現其特性，因為它在活動，它就要新陳代謝，所謂的新陳代謝是一個人把以前追求的東西放棄了，而去追求一種新的東西，這種新的東西至少在這個人本身看來，是比以前的好，而且比現在的情況完美，所以人一直在自己生命之中，追求「真善美」本身，使自己的生命能夠更充實、更快樂，而且向著最充實、最快樂的境界發展。

第三節　自然主義的生命哲學

此派的生命哲學，從尼采已經開始了，自然論的生命哲學的主題，在於人面對著自然所發生的一切感受，而這感受本身不是屬於自然的，而是超越自然的一種精神，因此也可以說是在某方面是修正了尼采的學說，至少在自然世界面前，人創造了人文的世界，而這個人文世界表現在歷史方面，因此在自然論的生命哲學家之中，主要的提出兩位：

斯本格例與克拉各，這兩位所注重的是，站在精神的現象、歷史文化的背景看人的生命。

(一)斯本格例(Oswald Spengler, 1880～1936)

斯本格例是德國人，通常人熟悉他，是因為他寫了《西方的沒落》一書，他能夠站在文化的立場，探討西洋十九世紀後半期到二十世紀之間的思想的變化，認為西洋如果再這樣發展下去的話，會走上末路，他在一九○四年獲得哲學博士的學位，可是他的興趣在於數理、自然科學，特別是歷史方面；獲得學位以後，在中學任教，直到一九一一年才在慕尼黑大學開始執教，並且也在這裡發表了《西方的沒落》一書。

斯本格例是一個熱忱的愛國者，所以他希望能夠在文化方面救國，他的著作有主要兩部：

《西方的沒落》(*Der Untergang des Abendlandes*, 1918)

《世界史觀》(*Welt-historische Perspektiven*, 1922)

斯本格例的思想，是以歷史哲學的方法分析過去，並且由過去的分析來預言將來，以為過去所發生的事情，是有一種原理原則可以遵循的，人類的未來可以依照過去的原理來推斷，《西方的沒落》就是他尋求到的，以及預言的未來。

在文化哲學中，斯本格例以為文明的國度，尤其是在工業社會中，人類漸漸地會喪失獨立的精神，對於精神的價值和意義會不聞不問，注重於經濟的變遷，以為經濟可以把握住人的精神，在工業社會中，人類的精神漸走下坡，人與人之間的關係由互愛變成了利害的關係，在工業社會高度發展之中，是非的觀念慢慢地會被除掉，而代之以利害的關係，這利害關係可以蒙蔽人的愛心，可是斯本格例以為人的愛

心才是人類的本質，也是人生命的衝力，斯本格例在研究生物學的基礎上談哲學，他以為生物與其他生物間的競爭是殘酷的，為了目的不擇手段，可是人本身不但要追求目的，而且要追求一種手段，因為人與人之間的關係，是超過了禽獸與禽獸之間的關係。因為斯本格例以為人在精神生活之中可以找到公義和仁愛，這才是我們對生命體驗中最美的一部分。

斯本格例的這種影響，對於後來的存在主義，尤其是法國的馬色爾有很大的啟發作用。

㈡克拉各(Ludwig Klages, 1872～1956)

克拉各生於德國漢諾威城，在大學期間修習化學、物理及哲學，在慕尼黑大學獲得化學博士學位，一九〇五年於慕尼黑大學開始教書，並且特別注重人類性格的研究，一九一九年到瑞士講學，直到去世為止。

他的著作主要的有下列幾本：

《性格學原理》(*Prinzipien der Charaktereologie,* 1910)

《書法與性格》(*Handschrift und Charakter,* 1917)

《精神為靈魂之反》(*Der Geist als Widersacher der Seele,* 1929～1932)

《精神與生命》(*Geist und Leben,* 1935)

《心理學原理》(*Ursprünge der Seelenforschung,* 1942)

克拉各學說是設法解釋尼采哲學中的「生命」二個字，從迪奧尼西奧(Dionysos)的生命活力開始，找出「意識」是盲目的，帶有無限衝力，但是沒有固定的目的，這種無目的恰好就是尼采「權力意志」的寫照，也就是說，生命是無意識的；可是這無意識的生命，就克拉各

而言，僅能運用於生物學上面，不能夠運用到人的精神方面，因為人的精神不是盲目的衝動，他能夠選擇一個目的，甚至他需要阻止盲目的衝動，要限制活力的使用，使其趨向於指定的目標。

因為克拉各把精神與生命看為對立的，所以他把人類精神的意義和價值都表現出來了，這種表現並非表示每一個人都能夠自覺，人的精神生活可以從下意識所導引出來的。

第二章　意識哲學

「意識哲學」無論是東方或西方，最主要的課題重心是討論知識論的問題，問及我們的主體如何能夠認識客體，就在這個知識論的問題上，很具體的一個問題是我們的思想和外在的世界在存在上有什麼關係，顯然地這個問題已經從知識論跳到本體論；也就是說我們的思想究竟要想外面存在的東西呢？還是要想和外在存在的東西沒有關係的一種思想呢？

也就因為這種思想的啟發，使得哲學在探求知識方面，或是在知識論上肯定存在的東西方面，都有了長足的進步，西洋十九世紀後半期的思想，所強調的是自然主義，強調的是我們的思想所想的東西，是要外在世界有所對應，才算是真的有思想，才算是「言之有物」，如果某種思想在外在世界找不到，如果某種思想所想的對象不是自然世界所想的東西的話，那麼這種思想就被稱為幻想，甚至被稱為夢想，而且不合現實，把它排除在自然主義的知識外面。可是如果能夠靜下心來，不管是在自然科學方面的一種探討，或是在人生哲學方面的探討，那就更能夠顯示出來人的思想所想像的對象，主要的不是他所想的那些存在的東西，而更主要的是想那些不存在的東西。

因為前者的思想是屬於模仿的思想，後者則是屬於創造的思想；模仿的思想，是當我們看到某種東西之時，把它當做思想的對象，所謂創造的思想，是我們根本還沒有看到某種東西，而我們腦筋裡想著如何去創造它。如此整個的人生屬於理想方面的，都是需要我們的創

造，在自然科學方面，也同樣地需要我們的創造；比如在瓦特以前，根本就沒有蒸汽機，而瓦特看到水壺蓋在水開之時會跳動，瓦特所看到的這個現象，不是想到水如何開，而是想到如何利用水開之時的動力去推動蒸汽機，或拖動火車的車廂，因此瓦特的思想不是想那些已經存在的東西，而是想那些不存在的東西，所以他發明了蒸汽機。

在自然科學所有的成果之中，都是如此；人生存在自然世界中，把自然世界改造為人文世界，每一種人文世界的產品，都是由於人本身的創造能力，在人的意識、思想中，想到那些還沒存在的東西，可是人能夠去創造它。這麼一來，意識和外在世界所形成的關係就成為一種很特殊的關係，因為人類的意識能夠憑藉自己的動作，自己超昇，能夠超乎外在世界所有東西的存在，他可以不用模仿的知識，而利用創造的知識，創造出一種自然世界中所沒有的東西。

我們再從自然世界的產品，即從人文世界的成果，再過渡到人生哲學的方面，顯然地在人生的理想中，我們想到幸福，我們也想到追求幸福的方法，我們想到了追求成功和追求充實的路線，而這些整個的計劃，無論是在倫理道德的規範上，或是在藝術的欣賞以及在宗教的情操，都設計了很大規模的藍圖；當然以西洋十九世紀的自然主義學說看來，這些都是幻想，因為人類在這方面為自己的生命設計，所想像的東西都是不存在的，我們說人追求幸福，可是幸福根本就不存在，但是我們現在的問題並不是問幸福是否存在在我們的面前，好像桌上擺好的食物一樣好叫我們動筷子，現在的問題是問人有沒有追求幸福的能力，而更高的一層是人是否可以創造幸福。

人類對於自然界的能力，創造人文世界與科學成果的能力，和我們在人生哲學上創造我們的理想的能力是一樣的，因為是同一個人格的，同一個存在的東西；如果我們說瓦特在發明蒸汽機以前，世界上

根本就沒有蒸汽機，而瓦特看到開水沖激水壺蓋的時候，想到蒸汽機的原理，這是一種發明；這種發明在蒸汽機尚未發明以前，人家都會說瓦特在做夢，但是在蒸汽機出現以後，大家都不敢說話了；同樣地當一個人追求幸福，大家會認為此人很笨，幸福根本不存在，可是我們在生活的體驗中，無論是在倫理道德的層次或是藝術的層次，甚至宗教的層次，我們都有一種生活的體驗，知道內心的平安和幸福究竟是什麼東西。

如此在「意識哲學」中最主要的一個探討方向，就是說明人在自己內心的意識中，有一種創造的能力，他除了有模仿的能力之外，還有一種更高的創造潛能，能夠憑著自己的理想和意向，去創造一種以前所沒有的東西，或是一種他所希望的境界。這麼一來，無論是自然科學中的產品，或是人生哲學上的理想，在「意識哲學」中，都形成了一種根本的理由和基礎。也就因此我們知道在德國胡塞爾的現象學出現以前，人類能夠以意識的創造能力，來解釋整個自然世界成為人文世界的過程，又能夠解釋人生哲學中對現世與理想的關係有一種交代。

所以唯物辯證的，屬於歷史必然的這種學說，即德國的唯物論與共產主義再也不能夠在德國學術界立足的最主要理由；胡塞爾的現象學出現以後，他不但解釋了知識的可能性，而且也解釋了本體的可能性，更主要的是在本體與知識論之中建構了一條橋樑，使得我們能夠經由知識的探討獲得本體的存在，也就是在我們的人生過程中，由於我們的一種理想，由於我們意識之中的一種創造，能夠把人性一步步地提升，提升到完美的境界。

當然「意識」哲學最主要的是特別注重了人性中的創造能力，但是它並沒有忽略人的學習能力，因此胡塞爾也寫一些書，表示他的意

見，使得他人看了他的著作以後，可以學習他的方法；教育有一種功能，這種功能一方面是強調人學習的能力，另一方面又要啟發人的創造能力；「意識」哲學兼顧了這兩方面的長處。當然我們說「意識」哲學也注重學習的能力，如此對於整個世界已經存在的東西，無論是自然世界的成品或人文世界的產品，我們對於它們應該有一種價值先後的安排，我們對它們應該有一種價值的選擇，也就因此來建立我們的人生觀。

在德國的現象學之後，有謝勒的價值哲學出現，價值哲學的意思是指由我們的意識、精神去選擇我們面前的東西，來選擇我們的思言行為，選擇我們對未來理想所走的一條路。

第一節　胡塞爾的現象學

在我們國內曾經有過一段日子對存在主義的解說，有很多不同的意見，同時也有不少的誤解，甚至有很多藉著存在主義來宣揚自己情緒的人，如果我們真正地要了解西洋二十世紀的存在主義，首先必須知道這種主義思想的淵源，即這思想的淵源，除了尼采的精神以及祁克果的內容之外，就是胡塞爾(Edmund Husserl, 1859～1938)的現象學方法；這種方法我在上面的意識哲學討論中，已經提到一點，也就是說現象學所注重的是人的意識能力問題，尤其是他創造的能力問題，由於人的意識具有創造性，因此我們從自然科學的成品過渡到人文世界，特別是過渡到人生哲學方面，也就因此指出人可以設計自己的未來，這就是構成整個存在主義的動向。

胡塞爾的現象學來源，是因為他在數學上與心理學上的成就所導引的，在我們中國研究現象學最成功的一位學者是李桂良先生，他在

比利時魯汶大學研究了一段相當的時間，回國講學以後，在師大教育研究所出版了《現象學》一書，所有的資料收集非常齊整，對於整個思想的體系也有清晰的介紹。

胡塞爾的數學與心理學的研究，使得他可以很清晰地描述出人類的意識對於知識的關係，而且在他的知識核心當中如何找到本體或一種存在。人不但生活在現實之中，認識現實的東西，而且也生活在理想之中，能夠為自己的理想開創出一條通路。

胡塞爾的現象學，嚴格說來只是一種方法，不指出哲學的內容，可是卻指出了哲學的目的，不指出人生所追求的幸福是什麼，可是卻指出了人在追求幸福的這項事實，而且也指出了人不但能夠去追求幸福，同時也能夠創造幸福，雖然他不指出最後的幸福是什麼，可是指出了人性在自己的生命過程之中，有學習的能力，而在學習的能力之外，超出了學習能力之上的有一種創造的能力。人的理想是由人自己去創造，這種主觀的條件，也就是在意識境界之中，主客是合一的，物與我是不分的。

㈠生　平

胡塞爾是猶太人，生於德國，二十七歲之時在維也納路德教會受洗為基督徒，最初的研究和著作都是關於數學的，一八八二年獲得數學博士學位；可是得到數學博士學位之後，他開始在維也納大學聽哲學的課，特別是聽布倫他諾(Franz Brentano, 1838～1917)的哲學課程，後者是天主教的神父，對希臘的亞里士多德以及中世的士林哲學有深度的研究，所以胡塞爾受了布倫他諾的影響，對於中世哲學有很深的認識，可以說胡塞爾之所以從數學轉入哲學，完全受了布倫他諾的影響。

　　雖然如此，胡塞爾並沒有放棄他的數學研究，他在一八八七年完成的講師論文，所寫的仍然是數學方面的，不過對於數學的批判已經用了哲學的方法；布倫他諾的哲學研究到最後的時候，並不是如亞里士多德所提出的最高的存有，而是變成了最終的虛無，這個虛無是我們在知識論上的虛無，人的理知到了這個地步，就無法用積極的語言表達出自己的感受了。胡塞爾現象學可以說是學到了布倫他諾知識的方法，把自己哲學最終所要探求的東西，用消極的方式表現出來，等於我們中國道家所謂的「無」。

　　胡塞爾心理學所受的影響，是由於當時的心理學家史東弗(Karl Stumpf, 1848～1936)，史東弗的心理學主要的是在分析方面著手，後來胡塞爾能夠在知識論上把人的心靈、意識分析得那麼細微，不得不歸功於史東弗的學問。此外胡塞爾在自己的哲學內容上也受了波查諾(Bernhard Bolzano, 1781～1848)的影響，波查諾的四冊巨著《科學精神》，使得胡塞爾能夠利用科學的方法，研究哲學的內容，以及在哲學內容之上，加上了哲學方法的運用。因此胡塞爾的哲學是從數理和邏輯方面提出一條新的道路。

㈡著　作

　　胡塞爾的著作很多，列舉主要的如下：

　　《邏輯研究》(*Logische Untersuchungen*, 1900～1901)

　　《觀念》(*Ideen zu einer reinen Phänomenologie und Phänomenologishen Philosophie*, 1913)

　　《笛卡兒沉思》(*Cartesianische Meditationen*, 1929)

　　《現象學心理學》(*Phänomenologische Psychologie*, 1925)

　　《第一哲學》(*Erste Philosophie, 1923～1924*)

《消極合之分析》(*Analysen zur Passiven Synthesis,* 1918～1926)

《歐洲科學之危機以及超越現象學》(*Die Krisis der Europäisehen Wissenschaften und die Transzendendentale Phänomenologie,* 1935～1936)

㈢學　說

胡塞爾的現象學，並非我們所想像的討論現象的一門學問，事實上是要透過現象找到事物的本質，這是在知識的對象方面的一種設計；在知識的主體方面的設計，是人要回到自己的純意識之中，人回到純意識之中，才可以發現他一方面有消極的能力，能夠透過感官認識外在世界的事物；可是他還有一種積極的能力，即透過自己的意象去創造一種東西。

因此現象學不是討論現象的學問，而是討論本質的學問。胡塞爾在這裡所謂的本質，是以現象來表現，而他所謂的本質意義，是感官可以感覺到，理性可以推論出，感情也能夠得到滿足的客觀事實；這個客觀的事實，是主體本身既然有認知的能力，同時有創造能力的綜合，在客體上而言，它確實是存在我們的客觀世界以內；可是在胡塞爾的學說裡，所謂的客觀是包括了所有主觀的成果，以及主觀所可能有的未來成果在內，客觀的意義並非沒有主觀，因為主觀本身也是客觀的一分子。

所以胡塞爾在他的現象學裡而言，這個本質的尋找方法，他不再希望用傳統的超越方法而得出，而是希望以數理的分析、心理的分析來找出思想的形式，並且找出思想形式所能夠包括的內容。

顯然的，在知識的探討中，本質的獲得事實上只是在理念界，只是在我們的意識之中，也就是說，在分析我們的知識之時，會發現在

我們的意識之中，有一種能思的作用，以及所思的客體，這所思的客體並不是如感官世界中存在的具有廣表性、伸展性的東西，而是已經概念化或觀念化以後的東西，等於我現在腦子裡想著一張桌子，可是在我腦裡面的一張桌子和外在世界存在的一張桌子有很大的差別，外在世界的這張桌子有重量、體積，而腦裡面的這張桌子可沒有重量，也沒有體積；如此腦裡面的這張桌子究竟是什麼呢？

如此就得說明它是一種本質，只是把桌子的本質抽象到我們的觀念之內，現在又得問我們如何把外在的這張桌子抽象呢？當然答案還是很直接，就是我們以感官接觸到這張桌子的現象，所以在外世界存在的東西是現象，在我們腦裡面存在而言卻是本質。這麼一來，在我們知識最初步的分析上，胡塞爾已經找到了所謂現象學最主要的一點，意識是我們的知識行為的活動中心，而外在世界所有存在的東西，是經由我們的感官變成本質以後，走入了我們的理念界，變成了觀念化。

人是一個整體的，不可分的，因此他對於外在世界存在東西的一種現實所抽象出來的觀念，以及他自己不經過外在世界的刺激，而為自己的未來理想所想出來的東西，那是同樣的一個價值；所以胡塞爾很大膽地肯定人生，不但有一種模仿的能力，能夠抽象，能夠概念化外在的事務，而且具有一種創造的能力，能夠把自己未來的希望，未來的幸福，用一種設計的方式把它現實化，這種方式就是現象學的方法。

這麼一來，我們的思想如果想那存在的東西，這實在算不得什麼，因為它至多只是一種模仿的知識，可是如果我們的思想可以想到一種根本就不存在的東西，然後我們能夠以自己的能力去創造它的話，那思想才是創造的思想；事實上，整個的人文世界都是由這種創造的思想所變成的，人透過一種幻想，然後再透過一種創造，把幻想變為事

實，我們今日所有的科學成果，所有的人生學說，都是由這種創造的能力所發展出來的。

而在胡塞爾的思想看來，所有創造能力的最根本基礎是我們的意識，也就是說人類的意識是所有知識行為的活動中心，而人是一體不可分的，他一方面有模仿的能力，另一方面又有創造的能力，創造能力常常可以利用模仿的知識加以改造和創造。也就因此，胡塞爾認為人生存在這個世界上，單單在知識論方面，就已經超越了其他所有的存在物，所以胡塞爾以為在人的意識當中，也就是在人的心理分析之中，至少可以找出人的存在是什麼，也就因此可以找出人能夠認識什麼。

這種人是一體的存在物，而且由意識開始出發。胡塞爾提出此種現象學的最主要方法，方法的第一步，就是他所謂的數學名詞「存而不論」。「存而不論」或「放入括弧」意思是把我們所不知道的或尚未證明的東西放入括弧內，不去討論它，可是也不去否認它。這麼一來，在我們的日常生活的知識當中，只有那些模仿的知識，在我們的知識論之中有一些地位；可是當我們知道了這些模仿的知識以後，人總是能夠有聞一知十的創造能力，他把自己所幻想的，甚至所空想的一些東西，慢慢地拿進來討論，也就是由於意識的創造漸漸地衝破這個括弧，衝破「存而不論」這方面的極限，然後創造出一種真的知識系統來。

這個步驟是積極的，稱為「還原」，意思是把人類意識原有的能力加以還原；人的意識在上文已經提及不但有模仿的能力，而且有創造的能力，在放入括弧或存而不論的消極方式看來，我們不應該把那些不能夠在感官世界中找到證驗的知識當做知識；可是另一方面，我們在自己的理想境界上，可以設計一些有類比的可能性的，也就是說有

存在的可能性的一些理想東西，能夠用我們的意識去創造。這積極的一步就是「還原」，「還原」是指回到事物的本質，而這事物的本質首先是意識的能力，因為意識本身不是靜態存在的東西，而是一種動態的；意識本身必須意識某一種東西，它意識某種東西的時候，可以是模仿的，可以意識到外在世界已經存在的東西，它也可以意識那些不存在的東西，無論意識意識到存在或不存在的東西，在意識而言，它是一種向外的行為，也就是人的一種意向，人追求一種理想，而這理想至少是當事人以為是最適宜自己本性的東西，也就是說最適宜自己本質的東西。

這麼一來，「還原」的意思是回到事物的本質去，回到事物最原始的意義之中，尤其是回到我們的意識還沒有作用以前，還沒有把自己和世界，以及還沒有把現實與理想分開以前的一種境界；如此胡塞爾把這麼一個最原始的表象叫做「現象」，把這麼一個最原始的真相叫做「本質」。因此在胡塞爾的現象學之中，他盡量把主觀的和客觀的聯成一體，把主體與客體聯成一體，把我們的思想與存在聯成一體，這種直觀的能力，把心靈和事物聯在一起的方式，也就是胡塞爾現象學最有貢獻的地方。

胡塞爾這種超越的哲學，他可以超過康德的方式，因為康德只把人性的倫理道德的層次提高了，而胡塞爾能夠把人的知識層次也同時提高了；即康德以為人之所以可貴是由於人是道德的主體，而胡塞爾以為人不但是道德的主體，而且是認識的主體，在康德看來，認識的主體只是模仿的，而胡塞爾以為認識的主體，同時是模仿的，同時是創造的。

胡塞爾現象學的出發點，可以說和傳統的哲學並無二樣，主要的還是追求主客的合一，所不同的地方是傳統的哲學無法把主體和客體

合成一體，連笛卡兒這個近代哲學之父也無法把主體的能知與客體的所知聯成一起；可是胡塞爾在這方面打通了知識論的關節，他覺得思想與存在是一致的，而得到這種結論的方法，就得回到人性的認識基礎——意識之中，這個意識在尚未發生行為的原始狀態——它本身就包括了所思與能思，而它的能思必須是動態的，常常照著自己的意向去發展自己的理想，所思也就是它理想的內容。

因此胡塞爾在思想的整個進展之中，可以分為三期：第一期是從他做學問開始，尤其是研究數學開始，一直到一九〇一年《邏輯研究》出版為止，這一期可以說是描述現象學的時期，在此期中，胡塞爾設法透過經驗主義的探討，以為人性的知識可以透過經驗，而慢慢地由經驗抽離出思想的形式，然後到達形式邏輯的園地，此期的思想中心，是使得物與我之間成為物為我的一段時期，所謂的物為我們，是指整個的事物如果要變成我們的知識的話，就得概念化、觀念化，一張桌子不可能如此這般地進入我們的腦海中，我們要把握一張桌子，就得把一張桌子變為桌子的概念，放入我們的記憶之中。

在這段描述現象學的時期，人和物之間的關係常常會混在一起討論，因為我們在討論最原始的知識論的時候，世界上根本不會有任何一種具體的事物存在，所有存在的東西都是我們腦裡面存在的東西，我們現在說的張三、李四或這張桌子……，其實都是我們腦裡面的張三、李四、這張桌子……，和外在世界的存在沒有很大的關係。

胡塞爾的思想第二期，是從《邏輯研究》出版以後，一直到一九一六年，這段時期稱為「超越現象學」的時期，因為在此期中，胡塞爾特別著重意識的自覺，這種自覺是能夠超越人性的經驗，而完全以邏輯的法則探討物我之間的關係。而在這種理性的自覺之中，馬上會發現人的意識和外在世界的事物根本沒有關係，也就是說，胡塞爾在

此特別注重意識的本質不是它的模仿性，而是它的創造性，那麼創造性可以說是有時候利用模仿性的知識，可是它也可以根本不用模仿的知識，而直接去創造它的理想；而在一個人有了理想以後，會慢慢地想辦法去實現它，如瓦特發明蒸汽機，那是因為瓦特看了水壺蓋被開水沖擊而跳動，這種跳動的現象，表示液體的水變成氣體之後，體積比較大，於是瓦特想出了他的蒸汽機的構想，這個蒸汽機的構想是發明，前面看到開水沖擊水壺蓋而跳動只是一種觀察，觀察這種現象的人何止千千萬萬，可是卻沒有一個人可以突破這種現象，能夠突破現象而走上本質的是瓦特，因為他發明了蒸汽機。

如此胡塞爾第二期的思想方式，是把物和我，即心與物二種存在的關係截然分開，成為獨立的形式，主客之間沒有任何的關係。如果有關係的話，那是主體與自己之間，就是意識在自己的意向之間發展了自己的理想，而這個理想並不是可以在感官世界中找到對應的關係的。

第三期是從一九一七年開始到一九三二年，此期是構成現象學的時期，這期的每一個主體是超越了，而超越是指他已經有了理想，他能夠以自覺、意識來超度所有外在世界的客體；也就是說，他可以使得外在世界所有的東西，只可以成為自己內在世界的一種模型，人可以依照自然的規律，用改造的方式，把自然世界變為人文世界；世界上所有的東西，一方面是模仿了自然世界，可是另一方面根本上是發明。

比如人類在人文世界之中的車子的發明，尤其是輪子的發明，在根本上不是按照大自然生物的一種考察，因為大自然之中生物的考察，不是用腳走路，就是用翅膀來飛，但是輪子走動的方式，根本上不是用這種原理原則，而是以一塊石頭或一塊木頭滾的方式，覺得以這種

方式來代替人的雙腳走路會比較快；也因此自然世界的東西，它可以以一種人為的思想去改造。

在第三期的構成現象學時期，是把前面第一期的存而不論的東西又漸漸地撿回來，放在意識之中，用意識作為出發點，把前面無論是經驗主義或理性主義所丟棄的一些東西都撿回來，最主要的一點是近代哲學之父笛卡兒找到了心，可是沒找物，但是胡塞爾卻找到了心，又把物附在心靈旁邊，做為附庸的存在，雖然是附庸的存在，但是是我們生命的真相，即真正地屬於本質的一種現象。

所以在構成現象學的時期，主客又成為合一，物我又成為合一的，知識論也就因此被建立起來；可是我們看得見胡塞爾現象學的這種知識論，不是單單討論人性知識的問題，而是在知識的對象或知識的主體上奠定了一種本體論的基礎；所謂本體論的基礎，是胡塞爾能夠在現象學之中，找到主體的存在，同時找到客體的存在，這點是胡塞爾超過笛卡兒的地方。在這裡我們能夠稱笛卡兒是近代哲學之父的話，那麼胡塞爾可以擔當得起「現代哲學之父」的榮銜。

在描述現象學之中，胡塞爾首先批評康德的哲學體系，指出康德對於自我和物自體之間還設下了一道鴻溝，也就是說康德雖然提升了主體，而依然把客體停留在感官世界之中，康德同時又把主體分為兩部分，就是純理性與實踐理性兩種功能；胡塞爾以為如果這樣的話，主體已經分裂了，那麼客體很自然地會被分為「物自體」與現象，而現象與物自體之間發生不了什麼關係，正如在主體內的純理性與實踐理性之間沒有很大的關係一樣；胡塞爾以為康德的這種方式縱使可以獲得知識，但是總不能夠找到本體論的基礎，也就是說康德的哲學可以證明知識的可能性，而沒有證明存在的可能性，至少不能夠證明客體存在的可能性。

　　胡塞爾自己本身以主體唯一的信念去對付客體，而且在這個主體唯一的信念之中，把意識抬出來，把意識所發出的意向當做認知的行為，事實上，這種認知的行為所包含的是意識的本質，也就因此主客在這個地方應該是合一的，思想與存在應該是合一的。

　　胡塞爾以主體唯一的信念，在主體的動態的情況之下，用了我思的一種能力，這種我思必然會到我存的一種境界，也就是說，從思想到存在，至少在我們主觀的行為之中必然有一條通路，而這條通路引起了胡塞爾批判笛卡兒思想的一個動機；在這個動機之中，胡塞爾總是覺得人類的意識有創造的能力，而意識所創造出來的東西完全是新的東西，不再是屬於自然世界的，而是屬於人文世界的產品，這種產品是人的意識所創造的，也就是因為它能夠創造東西，所以這個東西必然成為意識的第一個觀念，在這個觀念當中，意識才能夠真正地認識自己，也就才能設法用自己觀念的一種尺度去衡量外在的世界。

　　在超越現象學之中，自我是在意識中的自我，在這個自我之中，還沒有外在世界的事物存在，雖然它隱含了創造外在世界的潛能，可是這種潛能還沒有變成現實；可是到了構成現象學以後，胡塞爾考據意識，問及意識之中的能知與所知之後，發現原來要認識外在世界也好，要認識人文世界也好，主要的還是要回到意識之中，因為意識是從自然世界到人文世界的一個唯一的橋樑。在超越的現象學之中，胡塞爾不但指出了物我合一的境界，同時也指出人與人之間的知識作用，因為人與人之間絕對不等於人與物之間，人與物之間的關係是單方向的，人認識物，而物沒有反應，可是人與人之間的關係卻是雙方面的，人認識別人，別人也認識你，主體可以認識客體，而客體也可以反過來成為主體，把原來的主體變為客體，所以主體與客體之間有相互為主客關係的一種存在。

也就在現象學之中，胡塞爾的貢獻不但劃分了認識階層的不可踰越性，而且也指出了存在的階層，因為存在的階層更愈高，它的結構愈複雜，它的意識也就愈有深度，意識它自己本身的存在是屬於高層的存在，所以胡塞爾用很複雜的構成現象學來描述它。意識當它本身發展到最高峰的時候，已經完全可以脫離模仿的知識，它可以閉起眼睛不去看感官的世界，可是能夠知道整個世界的生成變化的原理原則。

這麼一來，意識是可以自立的，可以獨立的，而且一切的存在都依附著意識而存在，分受著意識的施與，最高度的意識即是以自己作為對象，以自己做為客體，它再也用不到走出自身，在它自己以內就可以尋求滿足，因為意識本身，同時也就成為存在的本身。如此胡塞爾的知識論到達了形上學的階段，也就是說把握住了本體論，以為思想就是存在，存在就是思想，而且那裡有意識，那裡就有存在，那裡有存在，那裡就有意識。

也就因此，在胡塞爾的思想看來，凡是沒有意識的東西都是由意識所創造，在人文世界之中我們看得很清楚，沒有意識的東西都是由有意識的人去創造的。用類比的方式，我們可以斷定整個自然世界中無意識的存在是由意識在背後做主動的以及最終的原因。所以胡塞爾的現象學成為本質哲學，他的本質哲學也就成為現象學，在胡塞爾的哲學中，本質和現象是一體的兩面，都是意識所產生出來的，而意識本身又是意識自己發展出來的東西，是屬於自滿自足的一種存在。

意識的創造能力，在胡塞爾整個現象學的體系中，我們可以用一種很具體的比方去加以說明，比如我們現在用一個觀念——「臺中」這個名詞來理解，我想到了臺中，我的意識之中，有了臺中的存在，你也有「臺中」的概念，他也有「臺中」的概念，我們三個人所有的「臺中」的概念必定都不相同，因為在我意識之中的「臺中」，我是想

到了教師會館，它給予我的印象最深刻，因此我一提到「臺中」的時候，就以教師會館做為中心，我把臺中其他的所有部分都存而不論，只想到了教師會館，雖然我並不否定臺中公園、臺中火車站、省議會等等的存在，可是思想的中心必是以教師會館為主，而每一次教師會館在我的意識中出現的時候，它代表了「臺中」。

因此胡塞爾哲學中以為「臺中」是一個客體，而一個客體我們無法全部把握住它，而應該把它許多的部分存而不論，不去否定它也不去肯定它；可是在客體之中抽出一個與我的生命或整個存在體驗有關係的教師會館做為對象，所以現象學能夠以對象和客體的劃分，把我們對外在世界所認識的客體分類，而真正與我們意識有直接關係的是對象，客體只是一個哲學上的概念和觀念而已。

可是你所想的「臺中」，可能不是教師會館，你可能對臺中公園有興趣，你曾經在那兒有段美好的時光，於是每一次提起臺中的時候，你是以臺中公園做中心，以公園為圓心畫一個「臺中」的圓；如此臺中公園成為你意識的一種對象，「臺中」成為一個客體。對他而言，重心可能是臺中火車站，他可能在臺中火車站上有過不平凡的經驗而念念不忘，每一次提及臺中，他就想到臺中火車站。可是我們說每一個人當他提及「臺中」的時候，你不能夠說此人不認識臺中，而是因為他所體驗的臺中只是臺中的一部分，變成他的思想的對象；如此我們每一個人所想到的「臺中」的出發點都不相同，可是我們總是希望從自己的這個對象開始，漸漸地盡量把握住整個的客體，所以當我唸地理，想到臺中的部分之時，總不會只是提到教師會館而已，而是把省議會、臺中公園、臺中火車站以及臺中其他所有的名勝古蹟都要收羅進去，成為一個客觀的討論。

也就是說，至少在我主觀的意識之中，雖然我提到「臺中」，必然

先想到教師會館，可是為了客體的一種知識，我必然把其他的我所沒有經驗的想辦法去經驗，設法把我主觀內的教師會館置於一旁，而以客觀的態度討論「臺中」。可是當整個客觀的討論已經成立以後，很可能教師會館在我的心目中成為比較不主要的，雖然在感情上仍然很有深度，但是在整個理性的範圍之內，漸漸地勝過這個感情的部分，而我對「臺中」的整個認識，也就漸漸地進入「臺中」的本質。

　　這是一個很簡單、很淺顯的比方，這個比方表示了人的意識的積極作用，它可以從它自己完全主觀的一點出發，然後慢慢地走入了客觀的一種佔有；就等於上文提及的意識有模仿作用，同時有創造的作用，而創造的作用終有一天會把自己的幻想變為實在的東西，即從主觀走上客觀，從我們知識的主體性走上了客觀性的可能性，這是現象學方法中最主要的一點。

第二節　謝勒的價值哲學

　　在二十世紀與十九世紀後半期哲學衝突當中，除了精神與物質的對立，除了主觀與客觀的對立，除了宗教與反宗教的對立之外，最主要的一個課題是人生觀的課題，在這個人生觀之中，也就是價值的建立或價值的存廢問題。在自然主義的呼聲之中，尤其是在泛科學主義的潮流之中，以為一切的東西都應該是價值中立的，這些提倡價值中立的人所持的理由，當然是自然主義的，因為在自然的觀察之中，無論是一顆寶石或一塊沙土都混在一起，太陽出來照著百合花，同時也照亮了野草，下雨滋潤了五穀，同時也滋潤了毒草；如此整個的自然是大公無私的，為什麼要有一種價值體系、高低之分呢？

　　而在二十世紀的哲學發展之中，西洋的思想無論是站在生命哲學

或意識哲學、精神哲學當中，都要把這個問題重新提出來研究、探討，而以為人文世界與自然世界中最不同的地方，是人文世界中有一個價值的觀念或體系，我們說如果有一場好電影來了，我們爭先恐後地排隊，花五十塊錢買張票都很樂意，可是買好了戲票在進場以前，在戲院門口有一賣芭樂的，我們問他芭樂一斤多少，他說四十元一斤，我們聽了這價值以後掉頭就走，根本不想還價，奇怪的是為什麼五十元一張電影票肯買，而四十元一斤的芭樂不肯買呢？你回答說五十元一張電影票很值得，芭樂元一斤芭樂不值得。

值得或不值得是一種價值批判，人生活在這個世界上，不像一塊石頭或一隻豬一樣，人是有價值批判的，他會往好處去發展，一個他所以為的好處，不管是真的好處或假的好處，不管是有人格或沒有人格的好處，他都會為價值而選擇。聽說剛果在開始的時候，他們的小孩在路上玩的都是鑽石，白種人開始到那個地方去旅行，發現小孩玩的是鑽石，於是用火柴跟他們換，一盒火柴可以換到一袋子的鑽石，可是慢慢地這些剛果的土人發現白種人為了這些比較重的石頭而互相殘殺，於是覺得這些東西很有價值，所以他們會自己去賣，一粒的鑽石可以換回一船的火柴或貨物。

人有價值的體系，他會把自己現狀的東西往著理想的路上去走，我們常常可以看到一個富有的人帶著他的哈巴狗，以名貴的鍊子拴在牠的脖子上，牽著牠散步，在家裡給牠牛肉吃，比其他的人還要好，這隻狗對主人非常好，搖頭擺尾地舔主人的手和腳，但是這個富有的人可能有一天窮了，潦倒破產了，這隻狗不只是沒有牛肉吃，而且連飯也吃不飽了，我們想想這隻狗會這樣，牠還是跟隨著主人一齊受苦；我們從來不見這麼一條狗，當主人有錢的時候跟著他，而主人潦倒的時候卻跟著別的有錢人跑了，狗不會如此，而人卻會如此，人會當自

己的國家或家庭不好的時候，到國外謀生，為什麼呢？那是因為人有價值的體系，因為人文社會中有價值的觀念，我們生存在這個世界上，我們會選擇好壞，會知道善惡，也就是價值體系、價值觀念。

在意識哲學的發展中，胡塞爾的現象學至少在純知識上，給我們的意識找到了創造的能力，謝勒(Max Scheler, 1874～1928)能夠繼續現象學的發展，而找到了價值的問題，以為人生存在世界上，不像自然世界中平面的東西，因此我們不能夠以研究自然科學平面的方式去研究人類，人類由於有價值的觀念，他對宇宙的看法、人生的看法是立體重疊的，也因此我們在研究人的問題之時，不能夠完全以自然科學的公式，而應該以人文社會的公式，而這個人文社會的公式，最主要的就是價值體系。

㈠生平與著作

謝勒是德國人，生於德國南部的慕尼黑，他的老師是愛肯，謝勒研究哲學，對於人文世界與自然世界的區別特別有心得。獲得學位以後，曾任教於耶拿、慕尼黑、科倫、佛蘭克福等大學，在佛蘭克福大學受聘後，未上課即與世長辭。

主要的著作如下：

《在倫理學中以及在唯物之倫理價值中之形式主義》(*Der Formalismus in der Ethik und die materiale Wertethik*, 1913～1916)

《同情之本質及形式》(*Wesen und Formen der Sympathie*, 1913)

《價值之沒落》(*Vom Umsturz der Werte*, 1919)

《知識之形式與社會》(*Die Wissensformen und die Gesellschaft*, 1926)

《宇宙中人之地位》(*Stellung des Menschen im Kosmos*, 1928)

《哲學的宇宙觀》(*Philosophische Weltanschauung,* 1929)

㈡學　說

謝勒所發展的是價值哲學，他是在胡塞爾發展了現象學的方法以後，發現胡塞爾的努力，雖然使得主體和客體可以合一，而且合一在內在的意識之中，可是所得出來的只不過是知識論與本體論的認定，人如何能夠從本體論走出來，再回到具體的生活之中呢？這是謝勒的問題。

謝勒出來以後，就用更廣的論題，把現象學和本體論所得出來的結論，推廣到人生的哲學之中，那麼人生的哲學，在謝勒看來，一方面有人的問題，一方面有世界的問題以及上帝的問題，這是人生活在世界上，如何面對人、世界和神的一種人生觀，謝勒在哲學史上最大的貢獻，在於他發現了價值的領域；價值在謝勒而言，不是依附在事物之上的一種屬性，而是有自己獨立存在的一種地位，每一種事物都不能夠脫離價值的體系，價值可以說是在所有存在事物之上存在的一種東西。

胡塞爾對於「本質」的直觀，到了謝勒的時候，就變成了價值的直觀。在德國的傳統中，康德的價值觀念，因為有普遍的道德，因此有價值，而謝勒把這因果相反過來，因為有價值，所以才有普遍有效的道德。如果我們說胡塞爾的邏輯是精神的，那麼謝勒就發現了心靈的邏輯，他要把知識領域分成階段，以為五官的事物只能夠感受，概念是可以想得通的，價值只能夠領會而不可以言傳，一個人天生來就向著「真善美」去發展，而這種向著「真善美」發展的衝動，才是真正的人性。

所以人真正的存在，並不在於他認識什麼，也不在於他是否存在，

而是在於他是否為自己的理想而生存、奮鬥，因此在謝勒的哲學之中，他不但注重了人的感官，也注重人的理想，同時把人的感情部分也拉進去，他討論了善與惡、愛與恨、喜與憂，凡是心靈的一切感情，他都覺得指向價值去發展，依存於價值的本體。也就在人的情慾分析之中，謝勒以為一個人自己在生存的體驗中，會感覺到勝利與失敗，也會感覺出自己與世界的對立，自己與世界，甚至與價值的分立或合一的可能性，他會認為命運與自由之爭。

也就在個人的內心感覺到精神的自由，以及外在世界給予內心的壓力二種原則之下，使得人能夠去選擇自由或選擇命定。精神或壓力對人生哲學而言，形成了人性發展的兩大力量，人類的現實與理想，人類所謂的喜樂與憂患，與成功失敗的感受，都屬於這種二元，這種二元使得人的心靈一直在奮鬥或放棄奮鬥而甘願失敗，所以也就在自殺與活下去兩者之中選擇一個，可是大多數的人還是選擇活下去，雖然沒有完全活下去的勇氣，可是畢竟選擇了活下去的事實。

在這種活下去的認定之下，我們知道「好死不如賴活」的一個原則，在謝勒而言，這是人選擇價值最根本的出發點，就是人要生存，要活下去。謝勒價值哲學的發展最大的貢獻，是從人的基本感受著手，把人類的喜怒哀樂，甚至人類的一切衝動，都當做人的本性，然後從這個本性出發，無論是合邏輯或不合邏輯，無論是理性可以解釋的，或理性無法理解的，他都消融到人的這種理想的傾向之中，把人的傾向當做人本性的發展，在這個發展當中，是人自己所創立的價值體系，他知道什麼東西為他有用，什麼東西才是正義。我們總不會看到一隻狗因為反對主人給予牠的待遇而絕食或自殺，可是人類會為了許多的不平而抱怨，他會改善自己的生活方式，甚至人性還會有革命的天分，他會為了某種正義或自己以及自己認為對的東西而拋棄自己的生命，

心與價值的對立，就是消融在人的這種傾向之中。

　　人因為要追求某種價值，這種力量會變成人不能夠理解的一種東西，此種傾向導引出「追求」，「追求」是愛的表現，這種愛的表現本來從柏拉圖的哲學已經開始了，可是一直沒有發展下去；到了謝勒的愛的哲學就是價值的高峰，因為愛的主體是自願消滅自己的存在，而變成被愛者的一部分，這個被愛者就是價值，價值並不是因為人去愛它而變成有價值的，而是以柏拉圖的語言形容的話，就是因為有價值，所以人才去追求它。

　　謝勒在這方面也發展了人的唯一性，以為人是整個的主體，因此他以整全的人性來追求一種價值，造就自己的人格，人與禽獸最大的分別，就是人有價值的體系與價值的觀念，用價值的觀念控制自己的舉止，而禽獸或動物只有一種本性，它這種本性是無法運用自己的自由，去選擇自己追求的東西，也不能夠運用自由去逃避自己所不要的東西；可是人因為是自由的，而「自由」的定義並不在於我要做什麼，就做什麼，而相反地，是我要做什麼，我偏偏不做什麼，如此這就是人的理知可以疏導人的衝動，而在人的理知去分析價值的存在的時候，就慢慢地形成有系統的價值體系，即價值的哲學。

　　這種價值哲學一直推展到價值本身的時候，所得出來的結論和古希臘的柏拉圖與亞里士多德的結論相同，它就是存在的本身，也就是西方所敬拜的上帝本身；謝勒的哲學企圖解釋宇宙和人生的所有現象，以及所有存在的奧秘，把宇宙的外在世界和人生的內在世界利用極端的二元論加以區分，有精神與壓力，精神代表理想、代表光明，更是自由的化身，而壓力則是現實奴役和黑暗的寫照。個人的成功與失敗，以及宇宙的生成和毀滅，都要看這種力量的最終會合。

　　此二元之爭，不但成了宇宙和人生的本質，甚至成為神的特性，

最高的精神在支持這種生成變化的二元，也是最高的精神在判定宇宙和人生的生命；在精神與壓力的對峙中，尤其是在人文世界，人常常會出現懦弱的表露，也就是人性常常會感受到荒謬，在這種感受之中，人的精神必須發明出一種價值的體系，使得自己的心靈得以安息於其中。這麼一來，謝勒又回到了胡塞爾的現象學根本的出發點之中，以為人性是有創造的，而人性的創造能力到最後，是和完全的客觀精神聯合在一起，也就是回到黑格爾的哲學之中絕對精神的部分；而人生所有的價值體系，雖然是由人的精神所創造的，可是這個創造的本身以及創造的模式是依照著整個宇宙的精神，整個宇宙精神的價值體系而創造的。

　　人本身是創造價值的主體，可是價值本身也是人創造價值的一個模式，人生存在價值的體系之中，人本身同時又創造價值，因此人生存在世界上，最主要的是價值的問題，要建立一個價值的體系，才能夠使人之所以為人。

　　謝勒哲學起於「心」的感受，而終止於「心」的嚮往之中，他的價值概念是開始也是終了。他的哲學所想要解決的不但是知識的二元問題，也不只是本體的二元問題，而是要指出心靈的善惡之爭的二元問題，希望這善與惡能夠站在更高的價值立場而消解它們，這種哲學也就回到了中世在永恆形相之下看萬事萬物之時，就會覺得它們會統合在最高的存在或最高的價值、最高的精神之中。

第三章　精神哲學

　　二十世紀的哲學動向，無論是修正實證主義的生命哲學，或修正唯物主義的意識哲學，它們所走的方向以及從事哲學工作的動機，主要的是說明人的精神價值，也就是說，在知識方面，人要承認因為人類有精神的作用，才能夠認識事物，而在本體論、形而上學方面，說明精神才是存在的中心，物質只是精神的表層，而人性的價值主要的是因為他有不死不滅的精神，而不是因為他擁有什麼物質；因此在有精神的文化體系的民族而言，一個身強力壯的人的價值和一個殘廢的人的價值是等量齊觀的，而且由於一個人身體的殘缺，他所需要的愛心，比身體強壯的人要來得多，所以在各種社會福利的措施上，特別關心殘缺之人的生命與生活。

　　完全站在純物質的立場去看的話，一個身體強壯的人存在的價值要比一個身體殘缺的人的價值來得好，可是在精神文化的看法上，則透過了物質的佔有而走上了精神的層次，覺得人性之可貴是由於他會對人禮讓，會貢獻自己的能力給社會、人類，人生存在世界上，不是由於他佔有了什麼才有價值，而是他能夠利用自己的潛能，利用自己所有的天分來為世界、為人類謀幸福。也就因此哲學的動向，在西洋二十世紀而言，已經漸漸地走上了知識的最高峰以及存在的最高峰，所謂知識的最高峰，是慢慢地表現出人站在宇宙和人類之間，發現到人生的意義是在於精神生活的提高，並不是完全視物質的佔有而論，更不是沉溺於物質的享受。在本體方面的發展，因為人覺得自身的存

在，雖然表面上有肉體的存在，可是事實上卻是由於人的精神生活。

西洋十九世紀後半期思想的發展之中，精神價值漸為自然主義所污蔑，而認為所有的形而上的東西，都不值得去探討，甚至遭到否定，在二十世紀的思想界，這種情形漸漸地有了好轉，以為哲學的知識論，尤其是屬於自然科學的知識，只是人性生活的入門，而人性生活的中樞是屬於形而上的，即傳統哲學所討論的知識只是人生的入門，而形而上的價值體驗，才是哲學的體，以這種哲學的體為原理原則去建構一種社會，才是我們的實用科學——社會科學。

所以在二十世紀精神哲學的探討之中，最主要的是恢復形而上的價值和尊嚴，也就是說，把十九世紀所否定的形上學的原理原則重新用哲學的理由加以恢復，而以這種形而上的角度來看宇宙和人生。在這種新的，而且又能夠拯救時弊的一種思想看來，有兩種方向，一種方向是站在比較客觀的立場，站在傳統哲學形而上的思考看精神的價值與尊嚴，此種思潮有歐陸方面的代表，也有英美方面的代表，除了這種形而上的思考之外，還有一派很新的思想潮流，即具體存在的體驗，他們不再去管這種人生的理想是否是屬於理知的，是否能夠在哲學上提出一些理論的辯證，而只是問每一個人從自己心底是否有這種感受，問問每一個人依照自己存在的經驗討論自身存在的問題，這是西洋二十世紀最具代表性的存在主義。

存在主義在精神哲學的探討方面，為白種人帶來了一條主要的人生出路，因為人生存在這個世界上，總得問起「為什麼」的問題，也就是說問及我們為什麼生存在這個世界上，我們追求幸福但是幸福並不存在，西洋人相信傳統的上帝，可是有一天發現上帝已經死亡了，在這種內心的矛盾和衝突之中，為什麼一個人還賴在這個世界之上，他不去自殺或毀滅這個世界，而相反地卻努力去建造一個幸福美好的

社會呢？

　　這些具體的，並且站在哲學之外的思想，其實才真正是哲學要探討的問題，這才是哲學要真正建立體系的一個方向，自從存在主義出現以後，西洋所有屬於精神科學方面的都有了很大的改變，現在分節討論西洋二十世紀精神哲學部分。

第一節　形而上的思考

　　形而上的思考可以說是哲學的「體」的體驗，對哲學的「體」的體驗比對哲學「用」的設計重要得多，因為它才是人生存在這個世界上，對於宇宙和人生的看法的基礎。沒有這種哲學「體」的體驗，也就是說沒有形而上的原理原則，人生的各種思言行為就沒有根，而且最後也不可能落實到我們的日常生活之中，無法落實到日常生活中的理由，也就會變成功利的和實用主義的範疇之內，使得人會由於目前利害的關係而忘記了是非的觀念，是非觀念的建立一定要依靠形而上的原理原則，一個人訂立絕對的人生觀，來保持人性的尊嚴與價值。

　　關於形而上的思考，我們可以分為兩方面探討，一方面是屬於歐洲大陸方面的思想，這一方面的思想在比較上是重視理論，注重人文，注重人性理想的層次；而第二方面，我們從英美的體系開始探討，英美的哲學體系由於功利主義和實用主義的影響，使得人們特別注重現實生活的層次，所以英美方面的哲學家從具體的生活環境中導引出一種哲學的思考，使得人在現實之中沒有忘記理想的層次，也使得人在現實的利害關係之上，再看到那種永恆的是非觀念的代表，也就是說形而上的可能性。

一、歐陸方面

在歐洲大陸的形而上的思想，是提出人性精神方面的價值，無論是在知識論或形而上方面都有特殊的體驗，我們在這裡舉出五位思想家：

㈠哈特曼(Nicolai Hartmann, 1882～1950)

哈特曼生於德國里加(Riga)城，考得博士以後，曾任馬堡、科倫、柏林、哥丁根大學教授，是馬堡學派的新康德派之巨子，可是哈特曼主要的思想超過了康德的範圍，康德無論如何在哲學的思想上仍然停留在知識論之中，而哈特曼卻超過了知識的範圍，走上形而上的原理原則；哈特曼的思想受胡塞爾與謝勒的現象學影響很深，可是也並不完全停留在現象學的範圍之內，而能夠從現象學所導引出來的本體論再往深一層去探討人生最終的根本，這種人生最終的根本，不僅是他的認識、他的存在，而且是他存在本身的本質，是屬於精神的層次，這精神不是獨立於宇宙之外的東西，而是與整體的宇宙聯合在一起的。

哈特曼著作很多，可是所討論的問題都是屬於形而上的，屬於知識如何能夠走上形而上，然後形而上又如何能夠成為人生的原理原則的意見，他主要著作列舉於下：

《柏拉圖的存在邏輯》(*Platons Logik des Seins,* 1909)

《知識形上學基礎》(*Grundzüge einer Metaphysik der Erkenntnis,* 1921)

《德國觀念論哲學》(*Die Philosophie des Deutschen Idealismus,* 1923～1929)二冊

《精神存有問題》(*Das Problem des geistigen Seins,* 1933)

《本體論導論》(*Zur Grundlegung der Ontologie,* 1935)

《美學》(*Ästhetik,* 1953)

　　哈特曼的學說反對新康德學派的形上學的作法，他要自己重新建立起一種本體論，可是這種本體論他以為用不到一種形而上的講法，只用講出人類精神的價值與尊嚴就已經足夠了，因為他所反對的新康德學派的理由，以為新康德學派是從德國唯心論走出來的，希望從唯心論之中，建立起一種實踐的、唯實的哲學，可是他以為只有在實在的世界上才能夠建立起學問，而不是在唯心的世界中。

　　哈特曼討論到意識問題的時候，他覺得一個人的知識論應該走出自己的圈子，而真正地走進一個宇宙的核心裡面，哈特曼以為這個宇宙的核心就是精神，不只是人的意識，而是客觀的、整個宇宙的精神。也就因此哈特曼的哲學思想，以為在整體的宇宙架構之中，應該盡量減少個人自己的理想，而發展整個宇宙的方向，所以他所提出來的是「實在」應該高於理想，所有的理想都應該向著「實在」去發展，因此哈特曼的哲學目標，指出「實在」的真實性，以及這個「實在」的可知性。

　　所以他分析了整個精神架構的層次，在整個精神的層次中，他以為我們所謂的「實在」，它的真實性和他的可能性有一種架構，這種架構分成四種不同的層次去體認，認為所謂的「實有」，即真正的存在有四個層次：最高的是「實在實有」，以下有「認知實有」、「觀念實有」、「邏輯實有」。在「實在實有」之中，從上到下分為精神、意識、生命、物質四個層次；「認知實有」相對於「實在實有」，從上到下分為學問、知識、直觀和直覺；至於「觀念實有」分為三種層次，即數學、價值、本質，而「邏輯實有」則相對於「觀念實有」而發的，分為判斷、推理和概念。

　　顯然地，哈特曼的本體論，「實有」為中心，實有的第一個劃分就是「實在實有」和「觀念實有」，「實在實有」是屬於客觀的，而「觀念實有」是屬於主觀的，對「實在實有」的認知是依靠「認知實有」，它的細分也是和「實在實有」的細分法相同，使每一種「實在實有」的領域都由「認知實有」去體認，於是學問針對精神，知識針對意識，直觀針對生命，直覺針對物質。同樣的情形，在「觀念實有」之中，數學、價值和本質則分由「邏輯實有」的判斷、推理和概念去對應。哈特曼以為所有的本質是由我們的概念去把握，所有的價值由我們的推理去體認，而數學的理論是需要我們的判斷才可以領會的。

　　可是我們站在另一個立場去看哈特曼的哲學，他在「實有」之中最高的存在是精神，精神的存在高於下面的意識、生命、物質，也就是說，真正存在的東西是精神，另外一方面，哈特曼運用了現象學的方法，以為精神不只是一種靜態的存在，而是動態的存在，無論是「認知實有」、「觀念實有」或「邏輯實有」，學問、數學、判斷都是發自於這個精神體，也就是說精神是屬於一個最高的存在，也是最高的認識作用。

　　如此哈特曼的哲學雖然在名義上是反對了德國觀念論，事實上他所得出的結果仍然是黑格爾的絕對精神，仍然是中世的上帝，仍然是希臘哲學中最高的「善」觀念。

　　因為精神是屬於實有的領域，更正確的說法是精神統治了整個的實有領域，所以精神的最高表現，不是物質的伸展性或廣表性，它不只是一種生命，表現要充實自己，而是屬於精神的一種倫理道德，他要把自己整個的存在往上提升，從帶有物質的精神體走上純精神的精神體，也就是說他要超越所有物質層次的束縛，超越所有生命、意識層次的束縛，成為一個純精神的領域。

在哈特曼的哲學思想上，人的存在最主要的不是靜態的東西，而是動態的，這種動態的實在，關係到他自己內心往上的一種追求，他的內心利用自己的思言行為，把自己提升到倫理道德的境界中，如此哈特曼又把康德的哲學完全概括進來，把康德的知識論到本體論中間的一條通路打通，而且在這個本體之中，加上人性要達到神性的一個方向。我們可以這麼說，在近代哲學之中，笛卡兒是找到了主體我的存在，而哈特曼找到了整個外在世界的存在，這個外在世界的存在是屬於與主體一樣的走上精神的境界，而精神的主體和精神的行動成為整個宇宙核心的問題，也成為整個人生哲學所能夠探討的一個問題。

㈡狄里希(Hans Driesch, 1867～1941)

狄里希生於德國開茲娜(Bad Kreuznach)城，一八八九年畢業於耶拿大學，精通生物學與哲學，曾任海德堡大學講師，一九二一年後為萊比錫的大學教授。

狄里希早年學習生物學，特別跟隨黑格而學習動物學，可是當他發現機械唯物的觀點無法解釋人性問題的時候，就脫離了動物學的解釋，進入形而上的探討，在形而上的探討中，發現人性的高貴和人性的真象是精神，物質只是表象而已，甚至能夠跳過形而上的體認，到達倫理道德的問題。

著作豐富，只列舉主要的幾部如下：

《生命主義者歷史和學說》(*Der Vitalismus als Geschichte und als Lehre*, 1905)

《有機哲學》(*Philosophie des Organischen*, 1909)

《肉體與靈魂》(*Leib und Seele*, 1916)

《真實，一個形上學探討》(*Wirklichkeitslehre, ein metaphysischer*

Versuch, 1917)

《形上學》(*Metaphysik,* 1924)

《心靈學》(*Parapsychologie,* 1932)

《唯物論之沒落》(*Die Überwindung des Materialismus,* 1935)

狄里希著作中最主要的思想，是澄清了機械唯物論的困難，幫助了生命哲學，他以生命哲學做為主題，指出人性在生命過程中所發展出來的現象，而這個現象和哈特曼所提出的精神生命有不謀而合之外，因為每一種新生命在繼續生存下去的過程中，不但要保存自己的生命，而且要發展、擴充、延續自己的生命，在這種發展、擴充與延續之中，是發展到精神的階段為滿足，可是機械唯物論的一種解釋，根本無法解決人性創造的能力，更無法解釋人性超脫物質而走上精神的一種傾向。

狄里希更進一層地注意到物理與心理學之間的關係，他以為如果心物是並行的話，在這並行的後面應該有一個整體，而這些整體又不只是完全外面存在的東西，它自己本身又應該是一個內在的存在，如此整個宇宙的整體不也就是一個有機的整體嗎？所以狄里希走出了唯物實證的束縛，而走上心靈的高層，以為生理和心理之間應該有一個和諧的整體，這總體應該是精神的存在。狄里希在這方面的努力，使得哈特曼的精神形上學有了一種更好的解釋，也就是說能夠在主體與客體之間找到一種聯繫，從知識論走上形而上的法則，也就是狄里希設法完成知識論的所有條件，這些條件是主體、客體、主客之間的關係，以為這三種都是真實的存在，可是這種真實是由於形而上的基礎。

狄里希在哲學上的貢獻，是因為他在知識論上的努力，而在知識論方面的努力發展上，他能夠以體驗的精神，為唯物論的沒落以及肉體與靈魂的關係上，找出了有機的哲學，找出宇宙整體的動態看法，

同時把人的精神放入宇宙之中，也使得宇宙屬於精神的、有內在於精神的一種存在。狄里希在哲學上的貢獻，是把近代哲學一開始就發生了主客之間的困難解決了，而且把現代的知識論導引到形而上的階段。

㈢白謝(Erich Becher, 1882～1929)

白謝生於德國萊希哈根(Reishagen)城，一九〇九年為敏斯特大學教授，一九一六年以後，受聘為慕尼黑大學教授。特別為唯實論辯護，自己構想了一套形上學的體系，希望能夠透過自然科學的成果來說明精神生活的可能性，說明形而上存在的可能性。

他的著作也是關於從自然科學的探討到精神哲學的道路，著作如下：

《腦與靈魂》(*Gehirn und Seele,* 1911)

《自然哲學》(*Natur philosophie,* 1914)

《植物之寄存目的性與超個體靈魂之假設》(*Die Fremddienliche Zweckmäsigkeit der Pflanzengallen und die Hypothese eines überindividuellen Seelischen,* 1916)

白謝再從狄里希停止的地方往上發展，他在尋求生命中的「目的」，他不但討論人性往上發展的傾向，而且特別地指出人類的精神可以看清目的，他不只是看到了方法。等於我們說一列火車在走動的時候，固然我們很清楚地看到它是機械的法則所推動，沿著鐵軌在走，如果我們更深一層地思考的話，知道火車走動的時候固然沿著鐵軌，可是它有一個目的，鐵軌的鋪設是為了達到的目的，而火車在鐵軌上行駛，也是為了走上一個目的。

火車在兩條鐵軌上行駛的時候，我們並分不清它的機械性與目的性，可是如果前頭路軌分歧的時候，我們馬上看出火車不只是循著鐵

軌行駛，而且循著一定的目的，因為它並非走任何一條路軌都是價值中立的，而是有目的的選擇。所以這個目的的選擇，在表面上看來和機械式差不多，可是事實上當人類的思言行為遇上極限的時候，就需要一種選擇，而這種選擇是每一個人的內在目的性所控制的，機械的物質因——大腦固然可以變成一種原因，而這種原因畢竟不是最主要的，等於火車沒有軌道不會行駛，人如果沒有大腦也不會思想，可是火車行駛軌道，並非火車行駛軌道而已，而是火車有了一個目的，以軌道做為方法，等於人思想有個目的，而大腦只是思想的一個工具而已。

因此人的思想之中，就白謝而言，有非常複雜的結構，也有無數的可能性，可是人的精神就在這種複雜和雜多的可能性之中選擇一種，因為這一種才是他真正的目的。白謝更深一層地看到昆蟲和植物之間的關係，他以為所有的昆蟲都能夠以植物或另一種蟲類繁殖自己的生命，而且有一種蜂生下來的時候就失去了母親，可是仍然能夠很準確地為下一代工作，準備其繁殖期所需要的一切，從來沒有誰教過牠，牠也沒和任何誰學過這些東西，這種完全是屬於自己內在的生命所含有的目的性，就白謝而言，牠已經是超過了全部機械的東西。

從生命體的存在目的以及生命體的繼存目的，白謝再設想到宇宙可能就是一個整體的生命體，而所有的運行的秩序、相互的影響，顯然就有一個內在的目的，而這個內在的目的，不再可能是唯物的，不再可能是機械的，而應該是一個超越所有物理法則之上的精神。因此就白謝的哲學而言，從整體的唯物和機械的觀察所得出的最終目的性，而這個目的性的尋獲也就是從物質之中看到精神的光輝，正因為生命是整體的，是肉體和靈魂合成的一體，所以白謝以為從形上學還需要走到倫理道德之中。

因為在倫理道德方面，人要追尋自身的滿足，追尋自己的快樂與幸福，白謝以為要一個人身心都感覺到舒暢的時候，才是善的象徵，也只是在這裡證明真善美的世界確實是一個真實的境界，而這個真實的世界，並非由於物質的條件，而是由於精神的條件。

㈣文則而(Aloys Wenzl, 1887～ 　)

文則而繼續白謝的教席在慕尼黑大學任教。他的哲學方法與白謝、狄里希有同樣的一條路線，希望能夠從自然科學的探討之中，走上形上學的可能性，因此他特別注意物理學與哲學的關係，著作大多數是物理與心理、哲學與心理的關係。

幾部主要的代表作如下：

《愛因斯坦相討論與現代哲學之關係》(*Das Verhältnis von Einsteinscher Relativitäts-theories zur Philosophie der Gegenwart*, 1923)

《靈肉問題》(*Das Leib-Seele-Problem*, 1933)

《物理學的形上學》(*Metaphysik der Physik von Heute*, 1935)

《科學與宇宙觀》(*Wissenschaft und Weltanschauung*, 1936)

《生物學的形上學》(*Metaphysik der Biologie von heute*, 1938)

《自由哲學》(*Philosophie der Freiheit*, 1947～1949)

《不死》(*Unsterblichkeit*, 1951)

在這些著作中，文則而一開始就發現物理的量無法到達事物的質的層面，因此他從數學和自然科學出發，以實驗的科學找出停留在實驗後面的原理原則，所以他設法從量的方面再去考慮質的問題，並且在科學的質的問題後面加上人的心理層次以及精神層次的運用。

當然文則而在開始的時候，跟隨著白謝的方式，找到了亞里士多德的內在目的性，發現存在的每一個階層都有一定的目的性，這種目

的性所導引出來的有自由的人類或沒有自由的動物世界同樣地可以適用，在我們表面上看來一切的東西都有其機械性、必然性，可是在當事人看來，它是一種選擇，一種目的，尤其是在整體的宇宙精神看來，它是一個整體設計好的目的性，因此文則而回到了叔本華的學說，以為整個的世界就是我的意志和想像，可是這種意志和想像，表面上是主觀的，而實際上具有客觀的價值，因為所有的主觀都向著這種客觀的內在目的性去發展的話，就變成了一種客觀的東西。

文則而以為宇宙的基礎，都在於這個目的性，因為內在目的性一方面是知的行為，要人去知道它，但是主要的是行的一種規範，要人去追求、實行。所以在人性為自己的存在或宇宙的存在設計的時候，他要把他的理想付諸實現，這個理想在文則而看來是屬於精神的東西，這種精神的東西，在開始的時候可以用物質的條件去支持它，可是最後物質的條件必然越來越減少，到達純精神的境界。

在這個純精神的境界之中，人與人之間，以及人與宇宙之間慢慢地趨向一種和諧，這種和諧就是人的幸福的表徵，也就是人追求到最後能夠使得自己的心靈滿足的時期，這段時期人的精神是幸福了，在精神的存在方面，以及在肉體的存在方面，都得到完滿和諧的地步。在這和諧的境界之中，人的心靈是完全平靜的，也就是說他真正地和宇宙的本體合成一個，當人性自身的消失，而到達整個宇宙精神存在的時候，即人生的目的和宇宙的目的合一的時期，就是人性的目的和宇宙的目的完滿的時期。

㈤蘇班(Othmar Spann, 1878～1950)

蘇班是維也納大學的教授，特別主張「共相論」，這「共相論」主要的目的是提出人和宇宙是合一的，而人和宇宙合一的方式，是要透

過人文世界，透過國家、社會的成立，而在這種國家、社會的創立之中，是透過人與人之間的仁愛，人與宇宙之間的和諧，因此他一開始的時候就反對馬克斯的唯物主義，反對馬克斯的共產學說，他提出特殊的歷史哲學來反對馬克斯的東西，在他很多很多的著作中，可以舉出幾部主要的作品，在消極方面有：

《馬克斯主義之誤會》(*Irrungen des Marxismus*, 1929)

在積極方面，有許多建設性的著作：

《社會哲學》(*Gesellschaftphilosophie*, 1928)

《歷史哲學》(*Geschichtsphilosophie*, 1932)

《自然哲學》(*Naturphilosophie*, 1937)

《宗教哲學》(*Religionsphilosophie*, 1947)

蘇班的著作，可以說是從社會學的探討，漸漸地進入歷史哲學，再探討自然哲學，從自然哲學走進宗教的思想，而完成他的體系，顯然地是從物質走上精神的一條通路；也就因此，蘇班所發明的「共相論」，是要提出整體宇宙的存在以及這種動的宇宙整體發展的情形，以為人生存在宇宙之中，是把握住了整個宇宙的核心，人的所有現象的發展，也就引導了整個宇宙發展的動向，而人因為是有靈魂與肉體的綜合體的存在，能夠在自然社會中發展出人文社會特殊的存在法則，而把自身的理想灌輸到具體的社會、國家中。而這種社會和國家，從它所有的政治、法律、經濟、社會的發展，發展到最後的精神境界，也就是精神的生命，宗教的範疇之中。

每一種生命，就蘇班而言，都是希望能夠走出自身的範圍，發展出一種更高的存在，而在人的生命之中，是精神控制了物質，也就是精神希望能夠一天天地脫離肉體的束縛，而走上純精神的境界，這個境界是人的理想，同時也是宇宙精神的一個理想。

二、英美方面

精神哲學的發展，也就是形而上的思考，在英美方面由於功利主義以及實用主義的發展，本來就很薄弱，可是在二十世紀之初，英美方面也出現了一些頗有名氣的形上學家，把人生平面的價值以及自然主義的價值觀重新推至宗教，倫理道德的層次上面。通常稱這種的形上學為理想的實在論(Idealrealismus)，可以舉出三個代表人物：懷德海、杜威和桑他耶拿，以下分別討論之：

(一)懷德海(Alfred North Whitehead, 1864～1947)

懷德海是數學家及哲學家，先在倫敦教數學，他之所以成名是後來為哈佛大學教授，是本世紀英語體系中最偉大的哲學家之一，他能夠從數學及自然科學的方法出發，經過歸納而到達形而上的地步，他的形上學不但是歸納的結果，而且與傳統有了銜接，因此是綜合了現代與古代的形上學思想。本來懷德海的原意，希望能夠用數理邏輯的方式從事哲學工作，所以曾經和羅素(B. Russell)合著《數學原理》(*Principia Mathematica*, 1910～1913)，此書可以說變成了數理邏輯或科學哲學範圍之內最有名的著作之一。

懷德海的著作，列舉主要的如下：

《自然之概念》(*The Concept of Nature*, 1920)

《宗教形成》(*Religion in the Making*, 1926)

《過程與實在》(*Process and Reality*, 1929)

《思想型態》(*Modes of Thought*, 1938)

在懷德海的心目中，這個世界不是「想像」，事實上是有單獨存在的事實，而且世界具有真實的本質，每一種存在都好像萊布尼茲的單

子一般，是個別的、獨立的存在、有自己的本質，同時也有自己的實體，雖然每一種存在與存在之間等於有獨立的存在，可是卻不是沒有關係的，而每一個存在與存在之間都有一種關係。

懷德海指出目前科學對於哲學最壞的影響，是把個別的事物當做隔離的、獨立的來研究，而忽略事物與事物之間的統一性，以及宇宙的整體性。他以為整個的宇宙都是一個統一的，每一種存在都在這個統一之間，分受了整體的東西，因此在研究學問方面，不能夠完全站在自然科學的方式去研究個別的事物，而應該站在哲學的立場研究整體的東西。懷德海以為宇宙的整體這門學問，只有可以以哲學去貫通。

因為要把整個宇宙之間所有個別的、不相同的東西看成一個整體，屬於一個整體的生命，那麼人所需要的，不再是感官或普通一般的推理，而是需要直觀的方式；也就因為懷德海能夠在主體的意識上找到直觀，也因此他可以把這種直觀的態度貫輸到整個的宇宙之中，使精神能夠內在於物質，如果精神內在於物質的話，表示所有的物質世界，屬於一個存在，而這個存在的根本就是精神，就是形而上的，所以他整個理想的世界到最後的基礎是上帝。

在懷德海的哲學中，上帝的概念是他一切哲學的出發點，也是他整個體系的最終基礎，所有的現實都是因為分受了上帝的存在，所有的直觀可能性，也都是因為分受了上帝的能力。

㈡杜威(John Dewey, 1859～1952)

關於杜威的學說，已經在本書的前半部第三章第四節內提到，可是在那一節中我們所提到的杜威是屬於實用主義的杜威，而杜威後半期的思想，早就跳出了實用主義的範圍，也逃離了實用主義的束縛，而走進了形而上的一個階段。這個形而上領域的抵達，杜威以為需要

透過教育，教育的意義表示每一個人都有學習的能力和模仿的能力，希望透過這學習與模仿的能力而發揮天生的創造能力，所以就杜威而言，整個的實用主義對他而言只是工具，因此杜威最大的貢獻，是因為他把實用主義帶到工具主義之中，工具主義的運用之中，把人的精神提升，不以實用做為人的思言行為的目的，而是以完全客觀的真理做為我們認識的對象，以客觀的「真善美聖」做為人生的最終目的。

因此在杜威的哲學中，宗教、道德、上帝、藝術變成哲學的中心思想，因為杜威認為自己的學說，根本上是「合」的學說，能夠把當時的屬於功利、實用的思想，超度到人性的基層，超度到人性的精神生活中。

當然把杜威做為實用主義的代表的時候，是說他前期的思想，確實是把一切都當做是相對的，沒有絕對的東西，可是杜威的後期思想卻發現人類的思言行為所針對的最終是以一個實在做為基礎，這種實在不能不是知識論上的真，倫理道德的善，以及藝術上的美，還有宗教的神聖；這麼一來，這個「真善美聖」的最後根源，杜威不能不把傳統哲學中的上帝搬出來，認為我們整個教育的東西，它一切的最終基礎，是正義的觀念的上帝，因為祂才是「真善美」的本身，而由於祂的分受，世界上一切相對的東西以及互相矛盾的東西都能夠得到一種和諧。

所以杜威整個哲學的設計，希望自己能夠到達黑格爾的「合」的地步，才是真正地完美他的哲學系統。

㈢桑他耶拿(George Santayana, 1863～1952)

桑他耶拿出生於西班牙馬德里，可是幼年時期已經跟隨父母移居美國波士頓，一八八六年哈佛大學畢業，然後留學德國二年，後回哈

佛大學考得哲學博士學位，留校執教直至一九一二年，以後周遊英國、法國，一九二五年以後定居於羅馬，直到逝世為止。

　　桑他耶拿可以說是英語體系中二十世紀的大思想家之一，著作很多，列舉重要的如下：

《美感》(*The Sense of Beauty*, 1896)

《理性生命》(*The Life of Reason*, 1905～1906)　五巨冊

《懷疑論與動物信仰》(*Scepticism and Animal Faith*, 1923)

《存有之領域》(*Realms of Being*, 1927～1940)　四冊

《統治與權力》(*Domination and Powers*, 1949)

　　顯然的，桑他耶拿在他的著作中的思想是屬於形而上的領域，他所討論的問題最主要的是「實在」的課題，以為「實在」有兩種表象，即本質與存在；本質是我們的觀念，我們觀念所討論的事物的意義，我們自己人類的感受以及一切理想的可能性都屬於本質，可是存在則是我們日常生活中所感受到的、所接觸到的事物；因此桑他耶拿認為所有世界上的存在都有本質，但是無法相反過來說一切的本質都有存在。

　　如此顯示出人的能力和人的極限，人的能力可以有一種理想，理想如果可以付諸實行的話就成為實在，可是人有很多理想無法付諸實行，這就是人的極限會成為歷史中的幻想。哲學中知識的目的，是要以本質去闡明存在，而且設法以理想來貫通自己的現實。

　　桑他耶拿同時以為存在是有層次的，從物質到精神的層次，而且精神的層次最高，因為它發展了宗教，是精神發展到最高峰，是生命意義的最終尋獲。在宗教的精神之中，桑他耶拿相信最高的上帝，是人性的合一的最終對象，也是人性安息的最終基礎，同時是人生意義的最終解釋。

當然桑他耶拿並不完全站在理性的立場，用西洋思辨的方式去解釋哲學的問題，而很大的一部分他設法以人的情感去解釋人對於藝術的一種情操以及解釋人性，同時解釋人性對於發展自己、超越自己的一種動向；所以桑他耶拿是一位很有美感、情感的哲學家，他特別注重人性中最美的一部分，也特別注重人生行為之中最有藝術的部分，所以他的思想不是死板的，而是活潑的，表現出在哲學之中，也應該有藝術的才華表現自己的生命，因為生命不是一種平面的、呆板的東西，相反地，生命是活生生的、活潑的存在。

第二節　具體存在的體驗 —— 存在主義

西洋哲學從柏拉圖開始，漸漸地以理想來界定現實，在柏拉圖的理想國之中，一切的措施都向著「真善美」發展，柏拉圖似乎遺忘了人世間的罪惡，忘記了真實世界中所有的痛苦，而只把冀望所能造成的理想國付諸實現到我們具體的世界上，柏拉圖的這種理想雖然後來有了基督宗教的陶冶，把人世間的罪惡赤裸裸地再一次表現出來，使得人的理想由於現實的束縛而無法在這個塵世間完全表達出來的時候，在教文哲學中曾經有奧古斯丁發展了一些個人內在的問題，可是西洋的哲學畢竟屬於理想的方面多於現實的探討，也就因此，西洋的哲學從柏拉圖開始一直到黑格爾死了為止，二千多年的時間都沉浸在理想的層次中，漸漸地忽略了人性具體的生活，忽略了現實的生活。

可是這種現實的生活，尤其是在西方工業革命以後，個人在社會之中的尊嚴和價值慢慢地被忽視，工業社會中的價值觀念漸為產品與經濟所取代，生存在十九世紀以後的人類，探問個人生存在這個世界上究竟有什麼意義，個人在群體之中有什麼價值，個人的尊嚴和價值

在整體的工業社會中究竟還能不能發生作用；因此西洋從祁克果開始，感覺到個人存在的問題應該是哲學探討的中心，哲學不應該再鎖在象牙塔中，不應該再在理想國之中打轉，而應落實在塵世間，面對人間的生老病死以及各種的煩惱，設法在現實之中謀求一條出路。

也就是說，西洋從十九世紀以後，哲學家已經慢慢地感覺到依照柏拉圖的方式去生活已經成為不可能，可能的是在我們具體的現實生活中尋找一種理想，把理想落實到現實的生活層次。這種關於具體存在的體驗，最主要的學派是西洋二十世紀的存在主義哲學。不過二十世紀的存在主義哲學，在歷史的發展過程中，應該追溯到十九世紀前半期的祁克果，在本書中《宗教與反宗教》的章節裡，把祁克果當做十九世紀哲學裡為宗教辯護的一位思想家，而事實上祁克果真正所代表的是個人存在的體驗與探討。

祁克果在這種探討中，所發現的竟然是人生中最主要的一項真理，就是個人生存在天地之間，生存在人與人之間，仍然有自己的尊嚴，仍然有自己獨立的人格，不應該隨波逐流，不應該完全受制於環境；當然祁克果也深深地感受到我們的真正存在，不但是由父母血統所決定，也不只是繫於民族文化的背景，不只是由於社會背景，尤其是工業社會所決定的，而主要的還是我們自己的心靈狀態，我們的心態是否同意於個人為社會所吞噬，還是說自己仍然保留有獨立的存在，在群體之中個人仍然保有自己的存在，這是存在主義最主要的一個課題。

祁克果在關於個人存在的課題方面，用了很多的力量，自己從感性的、倫理道德的，甚至從宗教的層次探討自身的存在，完成自身的存在；可是在理論方面，他最主要的一種貢獻，是提出了「存在先於本質」的原理。「存在先於本質」是指我們生下來是屬於完全命定的，你的家庭背景、社會背景、種族背景都是屬於命定；造物者並沒有問

你要不要在這個時間或這個空間誕生，可是你已經來了，當你發現自己已經存在的時候，一定都已是命定的，可是在這一切的命定中，或感到不幸的、悲慘的命定中，你自己還是可以利用自己的自由去選擇自己的存在模式，去選擇自己的本質，可以隨波逐流，跟著社會的制度走，但是也可以保有自己獨立的存在，在所有的群體生活中，仍然有自己個人的看法，在現實中依然有自己的理想。

這種「存在先於本質」的原則，是往後的存在主義所必然走的一條路，這必然走的一條路，也就是說存在主義哲學不再關心整個宇宙架構的問題，不再關心人有什麼特殊的理想，這種理想國能否在世界上實現的問題，而是特別關心個人的存在，個人具體的生活究竟是什麼，然後我們如何在具體的、已成的命定中，突破自己的困難，如何在現實中創造自己存在的一個基礎。

如果我們要在西洋歷史尋找存在主義的淵源，那就要回到希伯來的信仰中，希伯來的民族在整個思想的體系裡，從來不關心整個宇宙的架構問題，而是關心自己的民族以及自己個人生存的問題，因為希伯來民族是一個多災多難、時常流離失所的一個民族，他們所關心的是自己整個的民族不會被外族所消滅，而每一個個人可以憑著自己的努力，能夠創造事業，在這個世界上找到一塊地方立足，也就因此他們的哲學體系十分關心個人的存在，這種思想不但導引保羅在《聖經》中提出個人存在的問題，也影響後來最偉大的教父哲學家——奧古斯丁的思想。

奧古斯丁雖然本身接受柏拉圖主義的思想，同時也接受了希伯來民族的信仰，他一方面有柏拉圖系統的理想，另一方面卻有希伯來民族對於存在的感受，奧古斯丁自身所感受到的罪惡感，完全是由希伯來民族那裡得來的，可是他在自己內心的探討中，也發現自己的一番

理想，自己對世界、對人類的熱情確實由柏拉圖的理想所推動，奧古斯丁的哲學可以說是最老的一種存在哲學的型態。

從奧古斯丁以後，就要到中世士林哲學的神秘主義時代，才又恢復到人開始回到自己的內心去關心自身存在的問題，關心自身與上帝之間的關係，關心自身來世是否有存在，是否獲得幸福快樂，是否可以回到天國享受上帝恩寵的問題。

西洋二十世紀的存在哲學思想，在歷史的發展上，我們以狹義的方式去看的話，它發源在丹麥，發展在德國，波及法國，可是這種思想到了美洲與亞洲以後，由於語言系統的分裂，也就多少產生了誤會，甚至產生很大的誤解。在丹麥的發源，當然是由於基督徒的祁克果本身有特殊罪惡的感受，使得他與希伯來民族有相同的感覺，覺得上帝遺棄他，覺得世界遺棄他，人類遺棄他，他努力設法找到自己存在的根基，不過他只能夠在宗教的情操中，發現上帝是大慈大悲的，上帝的慈悲才可以拯救他免於沉淪。

存在主義(Existentialismus)哲學的發展在德國，尤其是從雅斯培開始，一直到海德格的深度，都是發展理論上談人的存在問題，可是這種理論涉及到的現實問題畢竟有一些隔膜，因為人的具體存在不一定可以完全以理論表現出來，所以德語區對於存在主義的探討固然有深度，可是無法大眾化，也不能夠使得個人自身存在有很特殊的感受；但是這種思想波及法國的時候，法語體系對於人文的描述是比德國強，所以存在主義在法國的發展不但以哲學的方式表現出來，還特別以文學的姿態表達了存在主義的各種型態；如馬色爾和沙特的文學作品中，我們更容易看出西方人究竟對於存在的感受是如何，遠比他們兩位在哲學著作中所表現出來的更為清晰。

因為存在主義利用了許多文學的表達，所以當這種思想傳到美洲

以後，以英語體系發跡的美國，漸漸地選擇了一些比較容易懂得的，而且屬於比較具體的文學作品，來介紹存在主義的根本，而事實上，文學所表現出來的有很大的彈性，是主觀的，見仁見智的，因此介紹存在主義思想的英語作品所遭遇的一個最大困難，是他們無法直接唸通沙特或馬色爾的哲學著作的思想，就等於他們無法把握德語區的雅斯培或海德格的哲學作品的深度，所以只有在表面上介紹一些人性在自身極限上所發展的「荒謬」、「苦悶」、「矛盾」的概念，而抓到了這些零星的概念之後，以為人的存在是屬於悲觀的，沒有希望的；他們沒有注意到存在主義的積極一面，因為積極的一面通常很難在文學上表達，英美的文學系統可以說主要的來源是在莎士比亞的戲劇中，而莎士比亞的戲劇大部分是悲劇性的，用悲劇性的戲劇來表現人生，比較容易得到人類的同情，因為如果屬於完全理想性的結局，有點說教的味道。

所以以英語為中心的地區的存在主義，大都是把握了存在主義文學作品的形式，也就是屬於悲劇性的人生；而哲學性的積極一面，也就是屬於創造性人生的一面，也就無法把握和發揮。因此我們就存在主義的歷史發展而言，存在主義是發源於丹麥，發展在德國和法國，誤會則產生在美洲和亞洲。

本來「存在」這個名詞出現於西洋早期的哲學著作中，甚至蘇格拉底以前都已經運用了，不過當時所採用的「存在」一個字卻是我們思想的對象，而且在早期的思想家心目中，「存在」固然有外在具體的世界，可是還是我們思想的一個對象；也因此在傳統哲學而言，本質應該先於存在，因為無論什麼樣的一個存在，都需要先有一個本質，比如說桌子的存在，應該是創造桌子的這個人在心目中有了桌子的形相以後，才依照這種形相去創造桌子，所以西洋傳統哲學的想法，本

質先於存在。

　　但是從西洋十九世紀所導引出來的存在主義，卻以為存在是具體的，是現實的，而本質才是我們的理想，才是我們奮鬥得出來的，應該是存在先於本質。祁克果在西洋十九世紀所發展的存在主義，是要指出在工業社會和群體生活中，個人如何意識到自己獨立的存在，所以祁克果首先注重到的問題，就是自己在內心中如何感受到自身存在的問題，當然不幸的是祁克果的感受，由於自身的家庭背景，使得他覺得自己是例外的，由於他是父親強暴下女所生，所以他認為別人都是父母愛情的結晶，自己則是暴力的產品，他認為自己是例外，這種自身例外的感受，使得他與其他人，尤其與他的父親沒有交往，他的母親早逝，所以他又覺得孤獨，這種例外與孤獨的感受，使得年幼的祁克果性情孤僻，可是又由於宗教信仰教義的陶冶，祁克果認為祖先所犯的罪會遺留到自己身上，如此他覺得自己有兩個原罪，一個是原祖亞當所犯的，另一個是爸爸犯的，認為自己死了以後非下地獄不可，所以他生活在絕望之中，以為自己整個的生活只不過是等待來世的受罰和將來的地獄。

　　祁克果雖然在這種苦惱與絕望之中，但他在自殺與活下去之間，毅然地選擇了活下去的這條路，他明明知道活下去沒有什麼意義，沒有什麼目的，可是他不肯去自殺。因此祁克果在個人存在的努力上，發展了很多的方向，首先設法找尋終生的伴侶，希望自己心靈內的苦悶能夠由自己的妻子來承擔、諒解，可是在這方面最後也失敗了，他的未婚妻終究無法了解他的心境，因為蕾其娜當時才十七歲，蕾其娜無法接受祁克果對於她的傾談，所以祁克果還是毅然決然地解除婚約，到柏林唸哲學，希望用內心的解釋困難的方法，以理知解決困難的方法，為自己找尋一條出路。

可是更不幸的是，祁克果在柏林遇到的是德國觀念論大師——謝林，謝林的哲學體系完全架構在理想上，與現實脫節；祁克果在日記中，曾經特別記載：德國觀念論的哲學，等於建築工人建築高樓大廈，可是卻給別人住，自己永遠是住在高樓旁邊的工寮內，祁克果以為如果談哲學，應該是解決切身的問題，應該為自身的存在尋找一條出路，德國觀念論無法滿足他，所以祁克果只好又回到哥本哈根，過著憂鬱而悲痛的生活。雖然在悲痛中，祁克果仍然不肯絕望，繼續奮鬥，最後他在宗教之中，找到了上帝大慈大悲的特性，總覺得上帝會由於自身的善良來拯救人類，而且也會拯救他。

所以祁克果認為人如果要尋找自己的存在，就得在內心之中尋找上帝，他也在《舊約》之中找到信仰之父——亞伯拉罕，認為亞伯拉罕可以跳過感性的和倫理的層次，能夠殺子祭主，一般說來，已經違反了倫理道德的層次，可是祁克果卻以為亞伯拉罕真正地超過倫理道德的層次，而到達宗教的層面，他能夠為了上帝的關心而停止了倫理道德的規範，可以殺子奉獻給主，因為人類的生命畢竟屬於上帝。

祁克果因為在自己的內心找到了上帝，也因此內心得到了平安，得到了宗教的情操，所以他以為真正的存在是在信仰之中，尤其相信上帝的降凡，上帝不但憐憫人類，賜給人恩寵，而且親自降凡而變成人，就是耶穌基督。所以在祁克果後期的思想，是要人如何變成一個基督徒；成為基督徒的意義，是人透過以耶穌基督做為模範，而變成神性，人性超越自己而達到神性的境界，就祁克果而言，才是真正地個人找尋到並且實現自己存在的最終道途。

從祁克果發展了「存在」以後，這種思想無法與當時丹麥工業社會的制度以及制度宗教得到共鳴，祁克果的思想至少被冷凍了半個世紀，直到二十世紀的初期，有德國的思想家看到他的日記以後，才真

正地發展了存在哲學，我們現在分為兩段敘述二十世紀存在哲學的發展，一個是在德國方面，另一個是在法國方面：

一、存在主義在德國的發展

丹麥祁克果的思想，由於社會的制度以及當地制度宗教的影響，使得他的思想無法發展，更無法受到當時工業社會的人們所接受，所以被擱置了半個世紀之久，個人的抉擇以及個人存在的想法，到了二十世紀在德國首先由雅斯培所發現而加以發揚光大。除了雅斯培以外，還有一位二十世紀最有深度的思想家海德格(Martin Heidegger, 1889～1976)，海德格發展了最有深度的存在哲學思想，我們現在分述於下：

㈠雅斯培(Karl Jaspers, 1883～1969)

雅斯培首先引用「存在」一辭加以成為存在哲學概念的思想家，他是德國的醫生，也是著名的心理學家，在雅斯培的生平中，由於自幼罹患小兒麻痺的病症，在德國的基本教育中，上午上理論方面，下午是體能運動，對弱小的雅斯培而言，運動根本沒有作用，他只能夠在運動場旁邊看別的小朋友跑跑跳跳，因此雅斯培深深地感受到自身的例外與孤獨，不過雅斯培自小的這種例外與孤獨的感受卻不同於祁克果的例外與孤獨的感受，因為祁克果感受到自身的例外與孤獨之後，就設法為自己打算，突破自己的例外與孤獨，使得自己仍然可以過幸福的生活，所以他耗盡畢生的精力，好不容易找到自身的出路。

而雅斯培則少年有大志，不是為自己著想，他從小決定了做醫生，以便幫助那些患有小兒麻痺的人，果然在雅斯培高中畢業以後，即進入醫學院，專攻小兒麻痺科，大學畢業以後，開始行醫，為小兒麻痺的病人診斷，不過不幸的是雅斯培在行醫之中漸漸地發現所有罹患小

兒麻痺病症的人，主要的病症並非由於他們的生理缺陷，而是由於心理的不正常，心理所遭受的打擊，使得他們不再有勇氣起來走路，雅斯培認為要醫治小兒麻痺的病痛，主要的還是先要醫治他們心理的病，然後醫治他們生理的病，所以雅斯培又開始研究心理。

後來果然成為有名的心理治療的醫生，幫助了許多小兒麻痺的患者，到後來他又覺得只在門診部門幫助那些所接觸到的病人是不夠的，還應該把自身的這種體驗，也就是忘記自己，想到別人的這種體驗告訴天下，於是開始研究哲學，著書敘述自己對於存在的體驗，把自己超升的經驗告訴大家，公諸於大眾，所以雅斯培發明了「存在哲學」一辭。

這是他在一九一九年出版的《宇宙觀之心理學》所提的名詞，他在這裡提出「存在哲學」，規劃出「存在主義」的思想，應該是特別注意完成自己的思想，可是在完成自己的存在過程中，並不一定要直接地為自己著想，而是可以跳出自己的圈子去想他人，雅斯培有生活的體驗，認為只要一個人肯犧牲自己去關心別人，自己所有的苦惱問題，自身都會得到解消，果然雅斯培不管自己小兒麻痺的病痛而一味地關心他人，在心理上、生理上幫助他人，此時自己內心中得到很大的平安與快樂。所以雅斯培體驗到「施比受有福」的真理，雅斯培因此設計了整個存在哲學的體系。

甲、生　平

雅斯培生於德國奧丁堡(Oldenburg)，中學畢業後，先習醫學與法律，大學畢業後開始攻讀心理、病理以及心理分析；首先做心理學講師，在一九二一年以後就任海德堡大學哲學教授，可是，一九三七年歐戰時期被納粹免職，一九四五年戰後復職，一九四八年任教巴色大學，直到死為止。

雅斯培在存在哲學而言，是一位多產的作家，他能夠站在心理分

析方面，站在自身的感受上，闡揚存在的意義，以及發展存在的價值。

乙、著　作

雅斯培著作多產，最主要的代表作是：

《宇宙觀之心理學》(*Psychologie der Weltanschauung,* 1919)

《哲學》(*Philosophie,* 1932)，三卷

除了兩部代表作以外，還有其他比較主要的如下：

《理性和存在》(*Vernunft und Existenz,* 1935)

《存在哲學》(*Existenzphilosophie,* 1938)

《哲學的邏輯》(*Philosophischer Logik,* 1947)

《哲學的信仰》(*Philosophischer Glaube,* 1948)

《論歷史之起源與目的》(*Von Ursprung und Ziel der Geschichte,* 1949)

《哲學導論》(*Einführung in die Philosophie,* 1950)

丙、哲學思想

雅斯培的哲學思想，顯然地分為兩部分，一部分是「闡明存在」，另一部分是「實現存在」。他在闡明存在之中，指出存在的意義，尤其指出生命的意義，因為雅斯培年幼之時孤獨與例外的感受，認為人與人之間的「交往」才是人生應該關心的事，存在主義在這方面的意義，在於「己之所欲，施之於人」，同時在這種實行之中，雅斯培發現了實現存在的領域，用實現存在的方式來實現人生在這個世界上的目的。

「闡明存在」最主要的是用「交往」(Kommunikation)，這種「交往」，雅斯培分為三方面去進行：人與世界的交往，人與人的交往以及人與神的交往；人與世界的交往是認識世界以及利用世界，但是也就在我們認識利用世界的時候，會覺得世界有很多的奧秘，在許多的事情上我們碰到了理知的極限，因此對世界的許多事情我們只能夠去猜，

好像猜密碼一般，所以在我們的日常生活中，對於世界的看法，有時候猜對，有的時候猜錯了，人生就在這種對與錯的範圍之內走來走去；但是最主要的在人與世界的交往中，所發現的是人本身的一種極限，他生存在自然界中，發現自己有很多的能力，同時也發現自己的極限，知道自己的渺小，知道自己不是全能的，自己會受到生老病死各種困難的束縛。

所以雅斯培說：我必須受苦，必須死亡，但是也必須奮鬥；雅斯培認為個人生存在世界上，必須與世界交往，甚至與自然搏鬥，並且自身也要準備好受苦受難，也就因為個人在困難中所搏鬥的情形，雅斯培有特別的感受，因為他自身生理上的缺陷，他的小兒麻痺病痛一生都在麻煩他，這種痛苦的威脅以及對於死亡的恐懼，使人感到遇上了極限，就在絕望來襲的時候，個人必須超越自己，他必須在自殺與活下去之中選擇其中的一種。個人也就在選擇之中，慢慢地體會到自身的存在，慢慢地覺得自身存在的意義，也就是說，個人唯有在奮鬥之中，才會發現自己存在的意義以及創造出自己存在的價值。

雅斯培的哲學主要的是要提出人生存在世界上，就要征服世界，利用世界極限的情況來認識自己和完成自己的本質，雖然個人在各種極限相遇的時候，會覺得頹喪，但是終究以持久之心完成自己的存在。

除了人與世界的交往之外，更顯然的是人與人之間的交往，雅斯培在此特別提出人際關係的多元性，因為世界的極限人性已經不容易猜透，但是人與人之間的關係更為微妙，更不容易把握，人因為本身是命定的，可是他又擁有自由，所以個人在與他人交往之中反省自問，覺得自身的存在充滿了荒謬與矛盾，他要在命定之中選擇自己的自由，但是又在命定之中感受到命運的支配，所以個人的完成，在雅斯培而言，事實上就是人際間的完成。雅斯培在這裡不同意於祁克果的想法，

因為祁克果認為人與人之間無法交往，雅斯培卻認為人與人之間是可以交往的，這種交往是人自己要犧牲自己，自己要忘卻自己的困難而想到他人。

雅斯培最後提到人與神之間的關係，雅斯培覺得宗教的情操仍然是人內心的存在問題，一個人如果要靜下心來回到自己的內心中看自己究竟有什麼情緒的時候，他會發現他是在追求真理、幸福、快樂。這種真理、幸福、快樂所要求的必定是最終存在的一個上帝，與康德的道德哲學一般，雅斯培肯定了上帝的存在，可是這個上帝已經不是傳統思想中高高在上、超越的上帝，而是一個在自己內心存在，能夠引導自己的情緒，把握人生方向的上帝。

「闡明存在」最重要的是，經由自身與世界，他人與神的交往，在雅斯培的解釋之下，真理是多方面的，它透過多彩多姿的歷史型態與人類的交往，因此雅斯培在一九五七年發表了《偉大哲學家》一書，舉出中西方大哲如蘇格拉底、釋迦牟尼、孔子、柏拉圖、康德、老子……等等，都是可以在我們的生命過程中，給我們指點迷津的。

當然「闡明存在」之後，第二步的工作就是實現存在，人在與世界的交往中可以征服世界，這就是自然科學的產生與發展，可是人與人之間的關係卻不可以用征服，因為人與人之間是平等的，因此人際間的關係要講仁愛；甚至人與神之間的關係更不可以用佔有或征服來形容，而是以宗教的情操去敬拜他，雅斯培在這裡提出了用物、愛人、敬天不同的思想層次。

尤其是在與神的關係中，雅斯培追隨了祁克果的思想，以為人的宗教情操，根本上無法透過理論的闡明，只能夠透過信仰走上神，在這裡雅斯培相信祁克果的結論，神是崇拜的對象，不是批判的對象，也不是認識的對象，因此他與祁克果相同，我們不能夠站著一條腿來

討論上帝的本質，而是應該雙膝下跪，謝謝祂的恩惠。

人要超越自己，超越自己的私有偏情，超越自己個人的存在而走上別人的存在，甚至走上上帝的存在才能夠存在的話，則「交往」和「超越」就成為存在的重心，而所用的方法就是內心的抉擇，雅斯培利用自己在心理學上以及醫學上的成就闡明與實現了存在。

在德國還有另一位的存在思想家，是用整個的存在哲學歷史演變，尤其是以本體論的方式討論個人存在的根本意義，他就是存在主義哲學中最深奧的海德格。

㈡海德格(Martin Heidegger, 1889～1976)

海德格的哲學淵源於胡塞爾的現象學，後者把一切的事物存在的法則，都歸諸於內心的意識，從意識出發一步步地建構存在的層次，海德格跟隨了老師胡塞爾現象學的方法，也漸漸地透過本體論的嘗試，指出個人存在的價值和意義。

甲、生　平

海德格生於德國巴登省(Baden)，年輕時曾經入過耶穌會，本來有意於成為教士，可是後來打消主意，在弗利堡跟隨胡塞爾讀哲學，求學期間對於新康德學派幾位大師十分崇拜，一九一六年獲得哲學博士學位，一九二三年之後，先在馬堡大學任教，也就在這裡出版了他的代表作《存有與時間》，一九二九年之後回到弗利堡繼胡塞爾的教席，並且後來擁護納粹做了校長，直至一九四〇年盟軍攻陷德國，因納粹罪名被捕為止。

海德格是德國當代最深奧的哲學家，他在退休期間住於德國西南部黑森林的地區，世界上有名的學者到德國去的時候，都希望一睹風采，無論誰去按門鈴，總會有一位太太出來應門，不等你開口，她就

會說：「請你不要吵我的先生，他在思想。」海德格也許在思想他哲學的出路，看看能否以一種很深的思考方式闡明人的存在。

乙、著　作

《存有與時間》(*Sein und Zeit*, 1927)

《康德與形上學問題》(*Kant und das Problem der Metaphysik*, 1929)

《什麼是形上學》(*Was ist Metaphysik*, 1929)

《致人文主義的一封信》(*Brief über den Humanismus*, 1946)

《形上學導論》(*Einführung in die Metaphysik*, 1953)

《尼采》(*Nietzsche*, 1961)二冊

丙、哲學思想

海德格不像雅斯培，也不像祁克果那樣，有很深的自身存在的感受，所以他只能夠跟隨胡塞爾的現象學，以理論的方式探討個人存在的根本。海德格以為工業社會以及目前的社會現象，所導引出來的人性，已經帶有許多虛偽的面具，人在別人面前或在世界面前，已經要掩飾自己，甚至連在自己的反省生活之中也要欺騙自己，因此他設法在人性的原始情況中探討人性的根本。

海德格相信在最原始的文學作品中，人性仍然是赤裸的，人性所表示的、所追求的，在最原始的文學表象中，還是真心話，因此海德格在各種的語文系統中，甚至在中國的老子《道德經》中，都設法在尋找人的原始意義，海德格在語文的探討中，發現世界上所有的語文，無論是古老的或當代的，都有「人家」這個名詞，就海德格的研究而言，「人家」這個名詞所表示的意義，是指出每一個個人不負責任；一個人在自己的工作崗位上，犯了錯，沒有盡職，良心受到了不平安的威脅，可是仍然說「『人家』還不是這麼做」。

所以在最簡單的邏輯推論中，「人家」都這麼做，我又何必不這麼

做呢？我又為什麼不可以這麼做呢？因此每一個個人隨著大眾的潮流，隨著社會的風氣漸漸地墮落，喪失個人自身的存在；海德格的探討中，以為希伯來民族的《舊約聖經》把人性描寫得最為透徹，他舉出了「創世記」那段事情：上帝到伊甸園尋找祂的傑作，即尋找人類的始祖亞當，可是上帝沒有找到他，祂叫：「亞當，你在那裡？」亞當聽到了上帝的問話，他並沒有直接回答，只說：「上帝，我不好意思見祢」，上帝聽了這句話以後，覺得事情有點不平常，所以再問：「亞當，你不好意思見我，是否你吃了禁果呢？」亞當心裡害怕，於是說出了一句很重的話：「上帝，是祢造的那個女人叫我吃的」。

　　亞當這句話的意義，顯然指上帝不能夠管他，因為如果上帝要追究吃禁果的罪的話，上帝自己也要負責任，因為是夏娃叫亞當吃的，而上帝創造了夏娃給亞當。照海德格的註解，亞當的這種行為，分明是出賣妻子的行為，也是不負責任的行為。「創世記」的記載到了人類的第二代仍然把這個主題做為重心，該隱殺了自己的弟弟阿伯，上帝找到了該隱，問：「該隱，你的弟弟呢？」該隱很不高興地回答：「我又不是我弟弟的保鑣，我怎麼會知道呢？」當然這種回答表示了人與人之間不關心，不只是不關心，而且互相出賣，甚至互相殘殺，亞當出賣自己的妻子，曾幾何時，亞當午睡醒來，看著身旁坐著的夏娃的時候，曾經對她呼喊著：「我的骨，我的肉」，這真是表示了相愛的許諾，過了不久竟然在上帝面前又把她出賣了。

　　人與人之間的關係在最原始的探討中，海德格找出「不負責任」，因此海德格的哲學在最有深度的地方以為我們如果要找回人性，如果每一個個人要在社會之中完成自己存在的存在的話，首先要做到的一點，就是每一個個人要負責任，尤其是不能夠出賣他人，要愛護他人。所以海德格從這種「不負責任」的情形探討人性，也就因此從這種不

負責任的困難之中設法解救人性的困難，海德格探討得出人的存在有兩種面向，一個是面對著大自然，叫做「在世存有」(In-derwelt-sein)，另一個是指人不是孤獨的，他與其他所有人共同生存在這個世界上，他們應該同舟共濟，這種存有，海德格稱之為「共同存有」(Mit-sein)。

人因為他生存在世界上，變成了一種命定，他得與自己的命運搏鬥，他生下來所有的脾氣，風俗習慣以及所有的生活背景都已經是命定的，不能夠做任何的修改，可是因為人不但是「在世存有」，同時也是「共同存有」，他可以在人與人之間的生活之中，修改自己自私的偏向，修改自己不負責任的劣根性。海德格以為就在「共同存有」中，一個人應該認清人際關係的密切性，人與人之間可以互相鼓勵，共同把自己的存在找回來。

可是就在人與世界以及人與他人的交往中，他仍然沒有喪失個人的孤獨性，每一個個人在單獨相處的時候，都會發現自身是自由的，就好像在神話世界的朦朧中，他有愛心，可是另一方面又有掛慮；他掛慮，因為他不知道自己能否勝過所有的掛慮而創造自己所有的本質，更不知道自己未來的命運。但是在個人探討自身的存在時，他卻能夠了解到自身的命運，最後還是操在自己手中，所以他覺得個人實現自己個人存在的責任，完全在於自己身上。

可是海德格在這方面，完全走進了西洋基督宗教的情操之中，以為一個人如果要完美自己，要實現自己個人的存在，就得犧牲自己，必須去愛他人，在這種愛他人的要求之下，架構了海德格的倫理道德，也就在這種倫理道德的行為中，海德格以為人才可以盡責任，人才可以很赤裸裸地站在世界面前，或站在人與人之間，所以海德格的哲學企圖從倫理學關於「責任」的探討，走上本體論，即從個人存在的實際情況走上人生存在的根本，因此海德格最關心的，還是我們內心中

的掛念，從這個掛念出發才能夠消除內在的憂慮和不安，才可以壓抑住內心的荒謬以及空無感，消除空無感之感，存在的意義才會更加明顯和明朗，個人得以依靠自己自由的抉擇，去完成自身的存在意義。

所以在表面上看來，海德格的代表作《存有與時間》，主要的是說明人如何從存在走上存有的本體論問題，事實上，他整個的方法卻仍然是倫理學的，哲學所關心的仍然是人生的問題。他在著作中最深的部分仍然是人類存在最深層的憂慮、荒謬、掛念等等感情的因素；可是這些所有感情的因素，海德格都要把它們化為人生的責任，化為倫理規範中，個人如何能夠生存在群體之中超度在群體的命定之中。

二、存在主義在法國的發展

德國的存在主義哲學太注重理性主義的表出，也就是太注重觀念思想的架構，關於情感方面的問題，不能夠表露出來，當存在主義波及法國之後，由於法文的方便，從純粹的哲學著作走上了文學作品表現的路線，尤其是小說與戲劇。法國存在主義文學的發展，至少在開始的時候，特別關心具體的個人，而這種具體個人的關心，顯然的是經由兩次世界大戰的經驗，使得人會直接感受到生命的悲哀，感受到人生的痛苦與荒謬的侵襲。

因此在法國的存在主義之中，我們特別舉出二個大的思想家，他們是文學家，同時又是哲學家：

(一).馬色爾(Gabriel Marcel, 1889～1973)

甲、生 平

馬色爾生於巴黎，四歲喪母，幼時受父親與姨母等過於疼愛，後來姨母為繼母，更是對於馬色爾照顧得無微不至，因為馬色爾四歲之

時正好是反抗期，他的內心中，在幼小的記憶中總是認為有兩個不同的世界，一個是看不見的世界，代表了他去世的母親，在這個看不見的世界中，他可以隱約地回憶到所有快樂的生活以及所有美好的境界；而後母對於他的關係，使他自己覺得失去了自由，如此後母所代表的是看得見的世界，因此馬色爾在他的戲劇與小說中，常常表現出看不見的世界比看得見的世界好，看不見的世界代表了理想的境界，看得見的世界卻是所有具體世界的化身。

馬色爾天資聰穎，八歲開始寫戲劇，他在日記中，常常記載自己缺乏兄弟姊妹，所以把戲劇中的人物當做幼年時候的同伴；在二十歲時畢業於巴黎大學，可是在他的回憶中，大學生活十分乏味，所學習的東西都不是和自己的整個存在相關，大部分是理論性的東西，因為他在教育上得不到心靈的出路，故而投向熱情奔放的文學，對詩歌及音樂特別愛好。因為他在法國發展存在主義，所以頗有名聲，曾赴英國、美國和日本等地講學。

在開始的時候，對於存在的一種感受，那是因為他在第二次世界大戰期間，擔任紅十字會的工作，調查失蹤者的下落，也就因此他在人際關係中，特別發展了我與你的直接關係。後來成為巴黎公學的教授，故作品比沙特較為嚴肅一點。

乙、著　作

馬色爾的代表作：

《形上學日記》(*Journal Métaphysique*, 1927)

《是與有》(*Être et avoir*, 1935)

《逃避心聲》(*Du Refus à l'Invocation*, 1940)

《旅途之人》(*Homo Viator*, 1944)

《存有之奧秘》(*Le Mystére de l'être*, 1951)

《人之尊嚴》(*La Dignitĕ Humain,* 1964)

《問題人》(*Problematic man,* 1967)

丙、學 說

馬色爾的思想，在於指出個人的存在是「是」，而不是「有」，他與祁克果同樣的方式，把自身的感受寫在日記中；由於他發現個人的存在是「是」，是整個的，不是「有」，不是佔有，不是部分的，因此他以為人生在世界，都有存在本身的研究，就應該好像演員研究戲劇一樣，而不應該以觀眾的方式研究戲劇，我是我的存在，而不是我佔有的存在。因為每一個人在討論存在的時候，都會涉及主觀情緒的問題，所以每一個人自己的存在也會變成一種奧秘，我們無法完全站在客觀的立場來透視它。

馬色爾作品中所要顯示的，最主要的原理，都是他在日常生活中的感受所得出來的，他的感受從兩方面看：一個是「訂約」，一個是「信實」。「訂約」的意思是指人與神之間，人與人之間以及人與自己之間的訂約，因為馬色爾認為在工業社會之中，人與自己都已隔離了，人已經不再是很單純的、很寂寞的一種存在，他對自己都有一種掩飾，別人更談不上什麼了，成為人人出賣人人；在上帝方面，只是常常利用上帝，對他漠不關心，就在這種人生的體驗中，他認為應該「訂約」，自己應該對自己的諾言「信實」。

而自己的諾言很顯然的，是自己對於自己未來生活的一種設計，人生存在現實之中，都會有理想，理想才是促使人繼續生活下去的動力，一個人失去理想之後，再也無法生活下去了，因此馬色爾以為人與自己的「訂約」，人對自己的「信實」是第一步，唯有做到這一步以後，人才可以對他人「訂約」，對他人「信實」，在對人信實以後，才可以提到上帝的問題，才能夠說：「我因為愛了人，所以才能夠愛上帝」。

　　馬色爾特別探討了人與人之間的關係，因為他在第二次世界大戰中做了通訊兵，也主管了調查失蹤者下落的工作，他在自己的崗位上，接到所有的明信片，無論是一個母親尋找失蹤的兒子，或妻子尋找下落不明的丈夫，對馬色爾而言，這些明信片都是他的心聲，不能夠把這些信件當做「他」來處理，而只能夠把這些信件當做「你」來處理，當做交談、交往的對象。也就因為每一張明信片所代表的不是一些紙張或字體或一些普通的意義，而是充滿了某些媽媽對於孩子的希望，一些妻子對於自己丈夫的期望。

　　馬色爾深深地感覺到，他無可奈何地必須告訴寫這張明信片的人一些壞消息，他們的兒子或丈夫確實是陣亡了，這母親或妻子總是希望會有奇蹟的出現，希望有人按門鈴的時候，無論是三更半夜或清晨，當她開門一看，是自己的兒子或丈夫回來了，希望軍中寄送的消息有錯誤；這表示了人對於現實總是存有幻想，對現實存有一種奧秘感，人希望自己以一種理想來超度現實，也就因此馬色爾特別發展的思想，是希望的哲學。

　　他在「希望」的概念中，指出人是旅途中的人，這個世界不是我們的終站，而是我們的過往，人要透過自己的訂約和信實，與別人的訂約和信實，以及與上帝的訂約和信實，而且帶著希望，心懷著「絕對你」，而走上旅途的人，世界不是我們的本家，在世的一切都是那永恆奧秘的影像，我們在捕捉這些幻影中，個人可以在內心建立起一個「絕對你」來交往，因為人唯有有希望的時候才可以生活下去；而在內心中如果可以找到「絕對你」，也就是說有上帝的存在，人才能夠有活下去的動力。

　　在旅途之人的概念後面，反映出馬色爾虔誠的宗教生活，當然馬色爾由於幼年時候家庭生活背景對於宗教過於漠視，他幼小的心靈促

成他以後成為虔誠的教徒，馬色爾的爸爸是天主教徒，媽媽原本是虔誠的信徒，但是馬色爾四歲之時媽媽就去世了，姨母成為後來的繼母，開始的時候是嚴厲的猶太教徒，後來信奉基督新教，通常在西方混合宗教的家庭中，其後的宗教生活有三種可能性：一種是太太跟隨著丈夫到丈夫的教堂中做禮拜，另一種是丈夫跟隨太太到太太所信仰的教堂去崇拜，不然就是第三種，即夫妻從此再也不進教堂了；馬色爾的家庭很不幸的是屬於第三者，他們對宗教沒有好感；但是馬色爾幼小的心靈中，認為這批人老是批評宗教，也老欺負馬色爾，因此他認為自己與宗教應該是同病相憐，自小就決定長大以後要好好地研究宗教，所以後來成為虔誠的教徒。

馬色爾是法國有神的存在主義學者，可是在法國卻另外有一位著名的存在主義學者，同樣地以戲劇、小說表示個人存在的基礎，就是沙特。

㈡沙特(Jean-Paul Sartre, 1905～1980)

甲、生 平

沙特出生於巴黎，兩歲時候父親過世，母親只有帶著他投靠外祖父母的家裡，但是外祖母生性吝嗇，使得沙特與母親無法繼續在外祖父家生活，所以當沙特八歲之時，母親改嫁，沙特只好當拖油瓶，這使得沙特以後的生活和心靈狀態受到很大的打擊，沙特他沒有繼承媽媽這邊的血統生得高頭大馬，而是跟隨著父親那邊的血統，生得其貌不揚，在外祖父家和繼父家裡都遭受很大的打擊。

因為沙特的媽媽受到家庭的變故而成為虔誠的教徒，媽媽所有的朋友都是虔誠的婦女，對於沙特反抗的心態而言，這些宗教教義使他受不了，所以在沙特的心目中，恰好與馬色爾相反，沙特以為這批人

和宗教那麼親近，又老欺負他，所以他以後一定要設法破壞和漫罵宗教，沙特長大以後，真的以字典裡所能找出的字眼去批判，漫罵宗教、信仰和倫理。

他反對倫理的方法，是終生不結婚而又與別人同居，同居的方法是兩個人訂合同，他反抗的心態尤其是表現在一九六四年的時候，諾貝爾文學獎頒給他，他卻不接受。沙特的思想，直到一九六〇年以後，已經為共產黨徒所信奉，在巴黎特別為毛共宣傳。

乙、著　作

沙特的代表作是：

《存有與空無》(*L'être et le Néant*, 1943)

《存在主義是一種人文主義》(*L'Existenlialisme est un humanisme*, 1946)

《辯證理性批判》(*Critique de la raison dialectique*, 1960)

丙、學　說

沙特的思想，一方面是老師胡塞爾現象學的思想，另一方面是老師，也是前期的同學海德格的思想，所以他的哲學代表作《存有與空無》一書，其中大部分的思想是來自海德格的《存有與時間》那部著作，尤其是他學說重心的空無感，更是來自海德格的「空無」概念。

沙特的學說最主要的是起源於人意識的分析，本來意識的分析完全是現象學的方法，他以為人的存在，本來應該是「物在自己」，是「在己」的存有，這種「在己」的存有應該是完美的，沒有瑕疵的，與整體的存在聯在一起的；可是因為人在這整個的存有之中，自己有了意識，而且運用了這意識，所以這種「物在自己」，變成了一種「物為」自己；因為一個人要設計，要反對自己的命運，要為自己的未來打算，這樣的話，成為在人「為己」存有，而所有的「為己」存有，都是破

壞了「在己」存有，如此人的設計豈不是很荒謬嗎？

就沙特而言，每一個人都在追求幸福，而幸福根本就不存在，如此人的追求豈不成為荒謬和無意義的嗎？可是沙特認為不只是如此，一個人生存在人與人之間，生存在社會之間，不只是要為己存有，而且還要為他存有；所謂的「為他」存有，是一個人在他為自己的未來設計的時候，不只是看到自己，而且還要看別人的顏色，看整個社會的制度，希望自己能夠安安穩穩地生存在這個社會之間，也就因此，沙特以為如果「為己」存有已經把「在己」存有毀壞了，那麼「為他」存有根本上就是把個人消滅了。

這種為自己設計的情形，本來就現象學而言，是人完成自己的最主要途徑，但是站在沙特的立場看來，是人消滅自己的一條路程。沙特在這裡用了一個比喻，說明這種人為自己設計的一種空無，就越會把存在變為虛無的理論講出來；他說我要到酒店裡去找彼得，彼得因此也就是我尋找的對象，是我意識的焦點，在這焦點以外的酒店或高爾夫球場，我都不放在眼裡，如此就是因為我要找彼得，所以我要把酒店和酒店以內的所有環境空無化，不去理它，把它當做不存在，可是如果我到酒店的櫃臺一問，他們說彼得出去了，彼得不在，如此我心裡面原來的，唯一的這個焦點也空無、消滅了，所以在我的內心之中，馬上呈現掛慮、空無、失意和苦悶；如此沙特認為人生之所以苦悶、荒謬，就是因為人要去尋找自己的存在。

一個人都不能不去實現自己的存在，因為人是自由的，所以沙特講了一句人性最痛苦的話：「人天生來被判為自由的」；他再也不能夠不自由，他等於飛蛾撲火一般，每一個人的命運都是荒謬的，都要自尋死路，因此他覺得空無使人無法獲得自己的本質，已經足夠使人不安，但是更不幸的命運還在等著人，那就是人是絕對自由的，他無法

不用「為他」存有去毀滅自己；也就是說人類無法不毀滅，無法不走上毀滅，這也就是沙特所謂的人生是荒謬的、無意義的。

這種荒謬的感受，在我們生命中憂慮的原因，是我們生命中感到恐懼的原因，甚至沙特以為我們整個的存在，就是荒謬，就是憂慮，我愈覺得自己是自由的，就越覺得自己有很大的憂慮，因為愈自由就覺得更會毀滅，可是越毀滅，人愈覺得需要更大的自由，如此在沙特的作品中所呈現的，都是毀滅、荒謬和矛盾。

沙特以為人生無論從那一方面去看，都是矛盾的、荒謬的，所以他極力反對那些以為人生有目的，有意義的學者，他終於以反抗、批評、漫罵、鬥爭為能事，加入共產主義信徒，以鬥爭來解決沒有意義的人生。他一方面又覺察出宗教信仰最肯定人生和來世，因此他反對宗教不遺餘力。

存在主義在法國以文學與哲學的方式發展以後，就慢慢地傳揚開來，一方面傳到美洲，另一方面也傳到亞洲，以及世界各地，可是由於沙特加上共產主義的宣言，使得許多連反共的國家都受到迷惑，以為存在主義的型態應該是消極的、應該是講荒謬、談矛盾的學說，而且反宗教，甚至是反對政府的一種主義，而沒有注意到存在主義學者之中，絕大部分都在肯定人生，為人生奮鬥，如沙特之流的思想家，只有沙特一個人；並且存在主義尤其在法國發展以後，跟隨而來的有結構主義的產生，結構主義利用考古以及心理分析的方式把沙特的哲學批評得體無完膚。

當結構主義在巴黎成立的時候，沙特的名聲就一落千丈了，因為依照結構主義的分析，沙特之所以反對宗教，沙特之所以覺得人生毫無意義，完全是他下意識的作為，而下意識的造成是因為他幼小沒有得到足夠的家庭與社會的溫暖。

第四章　科學哲學的嘗試

　　哲學本來是以一切去衡量一切的學問，可是這一切的意義，由於人類歷史、文化的演變，每一個時代有那時學說的重心，也就因此討論哲學的問題，往往偏重於一方面的知識，如同希臘哲學的時代，特別著重人文，中世又特別重視神學，近代特別注重理性，到了當代，由於自然科學的成果，人類生活的需要，自然科學的發展形成我們這一個時代的特徵，因此有一些做學問的人，設法以科學探討哲學。

　　科學哲學的根本原理，是要以自然科學根本實驗的方法，用到哲學的層面，以科學的方式研究哲學，當然自然科學的根本在於數學以及物理的探討，如此數理的法則也就在哲學界興起了高潮，這種高潮意味著哲學在時代的考驗下，跟隨時代的潮流探討宇宙及人生的問題；本來在文藝復興時代，西洋哲學已經開始以數理的方式探討人生的問題，由於沒有成功，而且由於康德重新提出人類倫理道德的規範，把當時科學哲學的美夢推翻了。

　　西洋從十九世紀後半期開始，人性倫理道德的層次以及藝術宗教的層次又重新受到了懷疑，如此給予科學哲學的發展一個好的機會，所以許多科學家設法以他們本身的學識，來探討整個宇宙與人生的問題，也就因此這些科學家們稱自己為哲學家，稱自己所討論的以及所運用的一些學問的方法為最有效的哲學方法。

　　在科學哲學的嘗試之中，很清楚地可以分為兩種派系，一種是完全站在自然科學的立場，完全相信科學的方法，以為宇宙間一切的學

問，都應該以科學的方法去探討；另一派卻認為自然科學固然非常可靠，但是它可靠的程度僅限於物質的世界，而人生除了物質的層次之外，還有精神的層面，數理法則固然可以控制物質世界的種種，對於人類精神方面的探討顯有不足，因此以為如果要討論人生的問題，應該站在人生整體的立場去談，要談宇宙的問題，也應該站在宇宙本體的方面去談，不能夠只局限於數理的法則範圍以內。

所以有這兩種科學哲學的嘗試，一派是屬於封閉的系統，也就是說屬於科學的信徒，以為科學萬能，甚至以為除了數理的法則可以解釋的方式以外，其他一切的原理原則，無論是人類多少年來的傳統都無效，只有用最新的科學方法所得出的具體世界才是真實的，這種封閉體系的科學哲學完全否認神秘世界的存在，也否認人類有一種超越的可能性。至於開放性的體系，則以為自然科學應該探討，因為它所討論的物質層次，很可能也是人性的物質層次，即肉體層次的種種。

放眼觀看整個宇宙的生成變化，人的肉體很可能是從其他的禽獸所進化而來的，無論是站在地質學的立場，或動物學的立場，用進化的法則看的話，人類生存這個地球上確實是一個奧秘；而且站在人類學的立場觀察人類起源的時候，很可能找到人與猿猴同宗，也就是說猿猴很可能是人的前身，人很可能以前是動物，也就因此到目前為止，人的肉體無論站在那一個角度去說，仍然是一個動物的肉體；可是人除了肉體之外，最主要的還有精神，真正創造人類歷史的，不是因為人的肉體，而是由於人的精神能力。所以在開放的科學哲學體系之中，承認具體的物質世界，而且也承認人性的神秘世界，承認人的倫理道德的價值、藝術以及宗教的價值。

顯然地在科學哲學的嘗試之中，屬於封閉體系的是當代的邏輯實證論，屬於開放性體系的是當代的神學家、哲學家、生物學家、地質

學家的德日進，以下分兩節探討之。

第一節　封閉的科學哲學系統——邏輯實證論

　　邏輯實證論的發源地是奧國首都維也納，它的起因是由於數學家漢因(Hans Hahn)、經濟學家內拉(Otto Neurath)，物理學家弗蘭克(Philipp Frank)集會討論哲學的問題，特別著重哲學中知識論的問題，以為用數理的方法才能夠得到真理，而哲學的根本是真理，真理的獲得是依據數理的原理原則，也就因此他們以為要研究哲學，非要用自然科學的方法不可。在維也納的集會，首先是在一九〇七年，他們開會的時候，所運用的主要方法是以潘加雷(Poincaré)的新實證論的科學方法，可是他們的先見認為應該以馬哈(Mach)學說反對形上學，以為形上學根本上無法以科學方法去證實，在學問上無意義，所以形上學不應該稱為哲學。

　　這種學派的新動向，也就稱為「維也納集團」(Wiener Kreis, Vienna Circle)，這次集會以後，一直等到一九二二年，史立克(Moritz Schlick)繼馬哈之後，任教維也納大學，在他的領導之下，維也納集團發展非常迅速，可是在一九二六年，卡納普(Rudolf Carnap)加入集團以後，取代了史立克的領導地位，一九二八年他們成立了「馬哈學會」(Verein Ernst Mach)，一九二九年史立克、卡納普、漢因、內拉四個人共同發表宣言，題為〈維也納集團科學的宇宙觀〉(Wissenschaftliche Weltauffassung, der Wiener Kreis)，這宣言回顧歷史中各種做學問的方法，以為科學方法最值得運用，而且唯有科學的方法才值得用來做學問。

　　他們在宣言之中，舉出做學問應該效法的學者如下：

實證論者：休謨、馬哈。

科學方法：黑烏荷茲(Helmholtz)、潘加雷、都黑烏(Duhem)、愛因斯坦。

邏輯家：萊不尼茲、羅素。

實用主義者：伊彼古羅(Epicurus)、彌爾(Mill)。

社會主義者：費爾巴哈、馬克斯、蘇本塞(Spencer)、孟格(Menger)。

從他們宣言中所列舉的思想家看來，很容易知道邏輯實證論者的思想動向：他們對形上學沒有興趣，可是對於唯物以及實證有興趣，而且對於經驗論的方法和成果有很高的信心。雖然在宣言之中，他們舉出了上列的許多位思想家，可是真正影響維也納集團的，還有三位：

維根什坦(Ludwig Wittgenstein)、波伯(Karl Popper)、內拉(Neurath)。

尤其是維根什坦的《邏輯哲學論》(*Tractatus Logico-philosophicus*)幾乎等於邏輯實證論的聖經，因為在維根什坦的著作中，「可檢證性原則」(Verificability Principle)以及「套套邏輯」(Tautology)等原則性的概念，都由邏輯實證論所接受而廣泛地採用。至於內拉則主張用社會間政黨的權力，來推翻形上學，也是當前邏輯實證論者所慣用的一種手法。

在他們各方面的準備之下，終於在一九二九年在捷克首都希拉克召開第一屆維也納集團大會，本來他們的用意在於討論哲學，但是所參加的人只是數理家、物理學家，所以最後沒有討論哲學的問題，只討論了數學以及物理的問題。雖然如此，他們在一九三〇年，接收 *Annalen der Philosophie* 雜誌，改名為《知識》(*Erkenntnis*)，作為集團之刊物；直到一九三六年以後，史立克被學生刺殺，兩年以後，即一九三八年馬哈學會解散，同時*Erkenntnis*雜誌改名*Journel of Unified Science*，可是一九四〇年該雜誌停刊。邏輯實證論在維也納因此無法繼

續發展下去，所以一些弟子跑到美洲另謀發展，到目前為止，成為美國哲學界一種相當廣泛的勢力，這些勢力所討論的哲學問題，我們可以分為三部分來討論，但是在這裡要特別說明的，尤其是數理邏輯在歐洲大陸通常屬於數學系，不屬於文學院，而在我們中國如果把數理邏輯附屬於哲學系，也幾乎不可以發展，因為我們的教育制度在文學院所唸的數理基礎比較淺，不如把邏輯實證論，尤其是數理邏輯，附屬於理學院的數學系中。

關於邏輯實證論目前的發展，我們可以分為三個面向討論。

㈠邏輯(Logistik)

邏輯是二十世紀英美最盛行的學問之一，它的起源一直可以追溯到希臘的亞里士多德，不過亞里士多德所發明的邏輯是形式邏輯，而現在盛行於英美的邏輯是數理邏輯或符號邏輯。邏輯家以數學的符號作為做學問的工具，首先有懷德海和羅素合著的《數學原理》(*Principia Mathematica*, 1910～1913)，以後有丘崎(A. Church)創辦《符號邏輯雜誌》(*Journal of Symbolic Logic*, 1936)，然後西洋許多派系跟隨新的邏輯發展，數理邏輯直到目前發展了許多派系，它的公式也非常複雜，甚至有多種派別。

現代邏輯主要的是要把以前哲學中的本質除去，純粹以一種形式來表達一種意義，這種純粹的形式也就是討論「組合」的問題，「組合」本來在傳統哲學中，主要的是形式與質料，而當代的邏輯以為純粹是公式，而且應該是機械式的組合，在文法上應該和代數相同，完全可以換位，實主在知識論上可以互換，所以邏輯的公式可以成為數學的公式。

因此就研究邏輯的人而言，我們所謂的真理並不會是客觀的真理，

而是人主觀的發明，而且更是人和人之間約定俗成的一種東西，所謂約定俗成(Convention)，是指每一個人都這麼想，並且以同樣的語言表達；和數學的公式一樣，它不代表什麼，每一個概念只代表它自己，因此所有的語言所代表的只是一堆印象，完全與休謨的學說相符。也就因此一切形上學的語句都成為無意義的，因為形上學要談事物的本質，形上學不只是談論事物的形式，而研究當代邏輯的人只管數理形式和運算的機械式的可能性，不管內容和本質。

㈡新實證論(Neo-Positivismus)

新實證論最根本的來源還是來自休謨及孔德，認為感官經驗才是知識的唯一來源，所有的學問只是描述自己的經驗，也就因此在經驗之中可以檢證的才是真理，因為形上學無法被檢證，所以形上學的命題沒有意義，又因為所有先天的知識無法被檢證，因此關於先天的一些語言也沒有意義。

在這種討論之中，唯有自然科學的命題，唯有用數理邏輯能夠表現出來的命題才有意義，否則是無意義，於是所有倫理道德的規範、藝術的情操、宗教的情操都成為無法證明而又無意義的。

新實證論者以為哲學最主要的任務，是要把經驗與件，用嚴格的邏輯形式去排列、組合和分析，然後才能夠得到一種意義，也就因此哲學應該完全自然科學化。檢證原則是新實證論者最相信的一種信條，所有的東西都應該拿到感官世界來檢證，因此他們只承認人性的模仿能力，否定人的創造能力。就如我們說貝多芬的〈第九交響曲〉，對於音樂是後知後覺的我們而言，當然〈第九交響曲〉先存在，然後我們才去認識它，對先知先覺的貝多芬而言，〈第九交響曲〉則是他創造的，他所發明的。

如此對於知識的問題是否可以檢證呢？如果貝多芬在腦中想到他的〈第九交響曲〉，可是在未寫出以前，就把這種思想做為虛幻的，當做是無意義的話，那麼世界上不可能有任何東西被發明。所以在新實證論中開始了一種辯論，一部分人士以為形上學仍然是可能的，因為他涉及人的創造能力問題，可是另一派卻堅持要排除形上學。

㈢分析哲學(Analytische Philosophie)

分析哲學也是跟隨邏輯與新實證論的公式，認為如果要談分析，那就是分析我們的語言，因為語言是我們思想的表象；分析語言本來在維也納學派已經開始了，可是到了目前，可以說是在英語體系的國家中特別感興趣的一門學問，因為他們在分析語言之中，也特別強調檢證性的原理，對所有形上學的命題認為是無意義，所以努力取消形上學，不然的話，就是以語言分析的方式分析形上學的命題，把形上學中的語句，尤其是從形而上所導引出的倫理學的規範加以分析，分析到最後，以為所有的倫理善惡都是無意義的。

因為在邏輯實證論的分析之中，比如「偷竊」，事實上是把某樣事物從甲地移到乙地，這麼一來，在物理學上，某一物體從甲地轉到乙地根本就是一種運動，沒有所謂的是非善惡；人偷東西，在語言的分析而言，只是某物從一個地方移到另一個地方去，因為這是最簡單的物理解釋，所以站在數理的立場看來，倫理道德根本毫無意義。

因為在封閉的科學哲學體系中，把人性立體的架構改變為平面的，數理的方式，人生哲學在這種學說之下已經變得毫無意義。

第二節 開放的科學哲學系統 —— 德日進

德日進(Pierre Teilhard de Chardin, 1881~1955) 的生平可以說是充滿了戲劇性，他出生於法國，受的教育也在法國，他工作的地方是在中國，退休的時候到了美國，所以德日進可以說單單在他所住過的地方，已經普及歐洲、亞洲和美洲；他所受的教育背景，首先讀哲學，然後唸神學、自然科學中的地質學、人類學以及考古學，所以德日進無論就宇宙觀和人生觀看來，都可以代表我們這一個世紀。

德日進在求學時代，由於對地質頗感興趣，因此曾經到過埃及與北美洲研究當地的自然和化石，尤其在中國工作期間，曾經在大戈壁研究多種化石，我們現在所以為的在進化的問題上，十分主要的一種證物 —— 北京人，也是由德日進等人所發現的，一齊證明那個化石確實曾經用過火。德日進在中國的工作除了在大戈壁以外，也特別到了中國的南部，尤其長江流域，甚至到了廣東、廣西，直至印度、爪哇、緬甸等地，遊歷各區，而且在遊歷途中，和赫胥黎深交，一齊討論進化的問題。

德日進最主要的著作有兩部：一部是在一九二七年脫稿的《神的氛圍》(*Divine Miléeu*)，以及一九三九年到一九四〇年完成初稿的《人的現象》(*Phenomen Humain*)。

在《人的現象》書中，特別討論了整個大自然進化的原則，畢竟希望能夠透過進化的現象，找到人生最終的目的，他相信人的肉體確實可以由猿猴變來，或者由其他的動物變來，可是人在整個的歷史所表現出來的，除了肉體之外，還有更主要的精神，而精神體所表現出來的各種發明與人類的歷史，需要很特殊的情況，才能夠保住它，使

它發展與進步，而人的肉體生活固然可以由世界的物質所給予而得到滿足，但是人的精神生活必需要在他所有的精神享受之中一步步地往上，也就是說，他會到達一個神秘的世界，到達一個純精神的境界，在那兒人可以完全滿足，這也就是他的《神的氛圍》那部著作所特別重視的。

關於德日進的思想，我們可以很容易地從他生平的三種分期看出，德日進的生平顯然地分為三期，第一期是準備期，也就是他在法國的時期，即從一八八一年出生到一九二二年獲得博士學位為止。在此期中，德日進不只是在歐洲大陸唸了哲學與神學的主要課程，而且對於生物學、地質學頗有心得，因此去過非洲、美洲，以古生物學家的姿態研究了很多的岩石與動物，他的博士論文為《始新世的哺乳動物》，在這個準備時期中，德日進獲取許多有關天文地理的常識，同時研究所有關於進化的歷史。

在第二期的生平與思想之中，是積極的工作期，也就是在中國的時期，從一九二三年到一九四七年，一九二三年起，應天津北疆博物院長桑志華之聘，到中國參加蒙古考察工作，所以有機會遊歷戈壁沙漠，後來到了黃河流域，甚至長江流域以南，以及中國的西南部，在此期中，他完成了他最主要的代表作，直到一九四七年心臟病發以後，開始了第三期的休養期，即在美國時期。

第三期從一九四八年到一九五五年心臟病去世為止，他從一九四八年以後到美國治病，並且因為他對於人類學研究的成果，當選法國科學研究院的院士，在美國休養期中，也到南非考察，巴黎講學。

綜觀德日進生平的分期，可以知道他在學術上的成就，一方面注意自然科學整體的發展，也就是物質世界整個進化過程，德日進有深刻的研究；可是他並不停留在自然科學的層次上面，仍然透過物質與

肉體的考察，走進精神的境界，也就是說他要以科學的方法研究人性科學所能抵達的物質層次，仍然以精神科學到達人類精神生活的層次。

就德日進看來，特別以《人的現象》和《神的氛圍》這兩部書看來，認為人性一方面有物性，另一方面有神性，人之所以為人當然他需要有物質的肉體，可是他應該有超物質的精神；宇宙的進化，最大的奧秘，就德日進看來，就是如何從物質的佔有到達精神的階層，如何能夠由於物質結構的複雜而證明出精神的存在，精神是否獨立於物質，以及是否精神不死是屬於整個人的不死，這本來是哲學上最大的問題，可是在德日進看來，人性是整體的，既有物質又有精神，那麼在整個人類歷史的演變看來，我們必須承認進化的事實，同時也不把進化只停留在人性的地步，人性依然只是進化階段中的一個階段，人仍然需要發展、再進化，進化到神性的階段。

當然站在神學的立場看德日進的話，覺得他太科學了，太注重人的進化了，可是如果站在自然科學的立場看的話，覺得德日進又太神學化了一點，如果站在哲學的立場看，覺得德日進一方面要把握神學的信仰，另一方面又要相信自然科學的成果，這麼豈不會使得一個人在內心產生荒謬與矛盾的感覺嗎？可是德日進以為進化是一種現實，而人的精神再進化，再進步也應該是一個形式，因此德日進以為達爾文、赫胥黎的進化講得還不夠，因為在他們進化的過程中，只提出了從物到獸，從獸到人的地步，而德日進再加上人還要再進化、再發展到神的地步，而整個進化的過程不是機械的，是有目的的，這個目的是進化的終極，是神或上帝，計劃這整個進化的也是神，如此神就是整體宇宙進化的起點，一切都由上帝開始，一切終止於上帝。

這是德日進最主要的學說，也是他整體的宇宙觀，人生在這個世界上，既然是站在進化的峰頂部分，那麼人就有一種責任，人有任務

使得整個世界美化，因此人也能夠在自然世界中創造出人文世界，而人文世界所有的一切，畢竟應該再發展，再進化到達神性的地步，這個地步就是宗教所顯示、所預許給人類的一種境界。

　　所以我們在德日進的學說裡，可以看出他固然相信了自然科學、地質學和進化論，可是他並不停留在進化論或機械唯物論的層次，而能夠跳躍這整個的進化，看到他最後的目的以及最初的原因，當這個目的與原因合一為絕對的上帝的時候，整個的宇宙論才算完成，人性的發展以及人性的進化也要到達神性的地步才算完成。

　　德日進是我們二十世紀真正思想的代表，因為他確實能夠以一切去衡量一切，用整體的宇宙原理去研究整體的宇宙，以人生整體的目的性來研究人生的意義，這也就是他要統一科學、哲學、神學，使它們能夠成為三位一體，使所有超越的東西能夠在內存之中找到，同時也在一個人的內心中找到超越的上帝，在人生活在人文世界中的時候，同時能夠在一個人的內心中找到物質的需要，同時也找到精神的必要，而在精神與肉體聯合的當時，就是人性的出現，這個人一方面有精神，另一方面又有物質，他有靈魂，又有肉體，而兩方面的需要都必須透過科學、哲學、宗教去解釋完美的人生，人生之所以能夠完美，也必須透過科學、哲學、神學。

結　語

　　因為哲學是以一切去衡量一切的一門學問，因此在哲學的最早時期，無論是中西，哲學幾乎可以說是所有學問的總匯。在最早的經典之中，無論那一個民族都是哲學性的，後來才慢慢地分出技術性的東西，在西洋哲學而言，最先所有的著作都是討論整體宇宙與人生的問題，都是哲學的作品，然後慢慢地分出醫學，因為醫學是一門很實際的學問，它要替人治病，然後再分別出神學，因為神學特別討論信仰的問題，特別討論超人理性的問題，再後發展的自然科學從哲學之中分離出去，最後心理學也從哲學之中分離出去了，連邏輯，甚至宇宙論漸漸地有脫離哲學的趨勢。

　　雖然如此，哲學仍然有它的對象、形式和內容，當然如果我們只是站在知識論的立場看哲學的話，很可能覺得哲學只是一種形式，只是一種純思考，而在這種純思考內，我們的精神可以得到一種滿足，可以感到一種非常的享受；可是哲學和其他的相同，除了形式之外，還有其他的內容，內容是使得我們的哲學應該落實到我們的生活層面，人研究哲學的目的，不是為了哲學，而是為了人，為了自己能夠認識宇宙和人生，為了自己能夠在宇宙之中頂天立地，因為他要頂天立地，所以必須認清自己在宇宙之間的地位，他要肯定自己在宇宙之中的價值與尊嚴，所以他要實現這種價值與尊嚴，於是人從具體的生命中，保有權利與責任。

　　人如果有權利，也同樣地有責任，同樣地有責任的話，也應該有

權利，權利與責任並重的時候，才是人組織社會，生存在人與人之間的保證，哲學也就因此不只是「知」而已，討論「知」固然是哲學的入門，也是非常主要的，等於學問；但是哲學不只是「知」，也是「行」，而且整個的「知」是為了「行」，一個人如何生存在這個世界上，如何頂天立地，如何為君子、聖人，都是「行」的問題，不只是「知」而已。「知」可以使人有精神的享受，「行」才能夠使人知道自己的地位，知道人生存於世界上以及生存於人與人之間有那些使命。

固然我們生存於世界之上，易於感覺到自己受了命運的愚弄，易於感覺到自己在命定之中生活，可是縱使是在命定之中，我們總有某些地方自己認為是自由的，這種自由是以使得我們在哲學的研究上，不但只是做一種空想，不但只是特別討論完全抽象的一些問題，而且也能夠落實到具體的生活上，唸哲學可以是純學術的，不涉及任何政治、社會、經濟的問題，但是哲學也可以落實到我們的社會之中，要談政治、社會、經濟，因為社會、政治、經濟都是人性所發展出來的人文社會的產品，而在人文社會之中，哲學負責做橋的工作，它要把人從自然世界中拉出來送到人文世界裡，人一旦走出自然世界，走進人文世界，尤其是人與人之間開始成立社會，在社會當中，人不只有內涵，而且有了外延，也就是說人開始與別人拉上關係，人不再是孤獨的，他與別人同居共處，同舟共濟，也就因此他要認清自己的權利與義務。要認清權利與義務的必需條件是有智慧，利用自己的智慧去生活，利用自己的智慧去創造自己的物質需要，創造自己的精神需要。

西洋當代哲學所走的路線，尤其在開始的時候真的走偏了，他們太過於注重眼睛看得見的東西，過於注重現實，我們用一句話去形容的話，當代哲學的前半部幾乎可以說只有利害關係而沒有是非觀念；雖然西洋的二十世紀哲學慢慢地覺醒，覺得人不但有內涵的東西，在

他孤獨的時候，是自己的主人，但是一個人要生存在世界上，生存於社會之間，就必須與別人作伴，有最基本的社會組織，在這個社會組織中，人固然是自由的，但是也有了自由的外延，他要對同時存在的人負責，他要對時代負責，他要對他的國家和民族負責。

因此哲學在開始的時候，可以把它當做孤立的、純理論性的研究，可是事實上，哲學是為了人，在人的社會中也有哲學的探討；如此我們讀哲學，可以把自己封鎖在象牙塔之中，把自己唸書的目的當做是為「知」而追求「知」，而不是把自己所學的貢獻出來給社會大眾去愛世界、人類。

但是，一個士大夫的本色，都應該「以國家興亡為己任」，應該「置個人死生於度外」。如此，做任何一種學問，都應該與實際配合起來，都應該能夠把理論落實到具體生活的層次。

整個西洋哲學史的演變，無論那一個時代，凡是把哲學局限到知識論中，專門鑽研真假對錯的邏輯法則，而置宇宙和人生而不顧，都是哲學末流的時刻；或者，更可怕的，是利用知識的平面架構與價值的中立，企圖不透過形而上的原理原則，而直接導引出人生問題的答案；這種情形，更是會創造出只知利害關係，而沒有是非觀念的社會。希臘古代的詭辯學派如此，中世的唯名論如此，近代的理性主義以及經驗主義如此，當代的邏輯實證論也如此。而且，在西洋中世九、十、十一世紀期間，哲學亦曾一度誤入純邏輯的探討中，而被達米亞尼諷為「神學之婢」。

東方哲學在這方面的迷失比較少，無論是希伯來、印度、中國，在哲學一開始的時候，都注意到人生的根本問題：希伯來的救援哲學，印度的生老病死的觀察，中國的道德哲學，都在說明個人以及群體生存在世界上，應該如何透過自身的努力和修練，而達到「至善」的境

界；無論是積極的修身，或是消極的出家修道，都有同一的目的，那就是使自己能頂天立地。

可是，因為人由靈魂與肉體構成，物質的條件永遠可以控制，至少影響精神的生命，在當代物質生活普遍高漲的時刻，西風東漸的影響，著實使經濟落後的國家，由於羨慕此世的榮華富貴，而走向物質建設的途徑，不幸的，物質固然需要，其本身亦是好事，可是，如果為了發展物質生活，而拋棄了精神生活的一面，則未免本末倒置，得不償失了。

近百年來，中國的西化固然很有成就，但是大部分的地區生活仍然在貧困中，並且，在精神生活上得不到滿足，就連根本的物質生活條件也付之闕如：這不能不說是由於拋棄了中國固有文化傳統，而在西化聲中，一味學習西洋的東西，而不加以選擇，在「打倒孔家店」之後，竟然尊馬恩列史為神明和祖宗。大陸的赤化不能不說是由於盲目地接受了西洋十九世紀的唯物、共產、實用、實證、進化等末流思想。

但是，若再往深一層去考慮，則不難發現「為什麼當時的士大夫不出來挽救危機」的答案，全在學術界的「為知而追求知」的高調以及做法。一直到目前為止，就連學術界，仍然在盛行著「學術」，而不涉及生死存亡的「真實」。

士大夫躲在象牙塔裡，但是，一些「宦官」型和「賣辦」式的「學者」卻在大搞顛覆和賣國的勾當。文化的危機，國家的興亡，都在這種骨節上注定了自身的命運。

大陸在利用「大眾哲學」，「哲學ＡＢＣ」，以唯物共產的毒素，毒害著幾億同胞，而臺灣哲學不張，一時在搞邏輯，論語言分析，「為學術而學術」；不然就是以「經濟第一」的唯物思想，作了全面的努力方

向。

「經濟決定論」把大陸斷送了，希望哲學的覺醒能夠指出「思想」的重要性，能分辨真偽、能分辨是非，而復興哲學於懸崖之中。

從西洋現代哲學的發展看來，我們敢於肯定，西洋之所以沒有沒落，絕不是由於十九世紀後半期的許多非人道反人性的思想，而是由於二十世紀的人性覺醒。在西洋的哲學覺醒中，不但對傳統的東西再研究、再檢討、再肯定，而且賦予一種新的意義，新的解釋。不但再再肯定人性的倫理、藝術、宗教的層次，而且用新的實行，去貫徹社會正義，個人仁愛的理想。

在我國學術界的唯物、實證、實用、功利的思想家，應該到了覺醒的時候了；反傳統、反宗教的時代已經過去了；現在是每一個人都應該好好地想一想人生的意義，國家民族的生死存亡，民族文化的絕續問題；用積極的、有效的方法，重振哲學的思考潛力，重振哲學的智慧，堅守祖先的遺業，像先秦一般，像隋唐一般，像宋明一般，培養出一些大哲學家，大思想家，不但能救國救民，而且能救世淑世。

在目前，真正承傳了中國道統，而又能吸取西洋精華的，唯有國父孫中山先生的三民主義。它是中國前途所繫，也是世界前途所繫。希望有志之士不要把它解釋成「經濟決定論」，更希望不要以唯物、無神的立場去作註解，而要以　國父的精神以及生活作為註釋的基礎。

國父的精神以及生活，都在繼承著中國的堯、舜、禹、湯、文、武、周公、孔子，都在效法著西方的基督宗教情操。中國哲學未來的方向，除非跟隨　國父孫中山先生，走這條中西合一之途，否則無法消除邪說，更遑論救人淑世了。

要恢復中國道統，要發揚傳統精神，先要除去「打倒孔家店」的學說，先要消除崇洋媚洋的習氣；要效法西方基督宗教情操，則要擯

棄西洋十九世紀後半期的唯物、共產等思想。在積極方面，發展精神
生活，發揚宗教精神；以宗教情操作基礎，來宣揚仁愛，來反對鬥爭，
來改造社會中頹風，來重新人際間的善良之習。

滄海叢刊書目（二）

宗教類

中華文化十二講　　　　　　　　　　　　　　　　　錢　　　穆　著
民族與文化　　　　　　　　　　　　　　　　　　　錢　　　穆　著
楚文化研究　　　　　　　　　　　　　　　　　　　文　崇　一　著
中國古文化　　　　　　　　　　　　　　　　　　　文　崇　一　著
社會、文化和知識分子　　　　　　　　　　　　　　葉　啟　政　著
儒學傳統與文化創新　　　　　　　　　　　　　　　黃　俊　傑　著
歷史轉捩點上的反思　　　　　　　　　　　　　　　韋　政　通　著
中國人的價值觀　　　　　　　　　　　　　　　　　文　崇　一　著
奉天承運　　　　　　　　　　　　　　　　　　　　王　健　文　著
　　——古代中國的「國家」概念及其正當性基礎
紅樓夢與中國舊家庭　　　　　　　　　　　　　　　薩　孟　武　著
社會學與中國研究　　　　　　　　　　　　　　　　蔡　文　輝　著
比較社會學　　　　　　　　　　　　　　　　　　　蔡　文　輝　著
我國社會的變遷與發展　　　　　　　　　　　　　　朱　岑　樓　主編
三十年來我國人文及社會科學之回顧與展望　　　　　賴　澤　涵　主編
社會學的滋味　　　　　　　　　　　　　　　　　　蕭　新　煌　著
臺灣的國家與社會　　　　　　　　　　　　徐正光、蕭新煌　主編
臺灣的社區權力結構　　　　　　　　　　　　　　　文　崇　一　著
臺灣居民的休閒生活　　　　　　　　　　　　　　　文　崇　一　著
臺灣的工業化與社會變遷　　　　　　　　　　　　　文　崇　一　著
臺灣社會的變遷與秩序（政治篇）、（社會文化篇）　文　崇　一　著
臺灣的社會發展　　　　　　　　　　　　　　　　　席　汝　楫　著
臺灣社會的人文迷思　　　　　　　　　　　　　　　葉　啟　政　著
臺灣與美國社會問題　　　　　　　　　　　蔡文輝、蕭新煌　主編
鄉村發展的理論與實際　　　　　　　　　　　　　　蔡　宏　進　著
透視大陸　　　　　　　　　　　　　　　　政治大學新聞研究所　主編
寬容之路　　　　　　　　　　　　　　　　　　　　謝　延　庚　著
　　——政黨政治論集
周禮的政治思想　　　　　　　　　　　　　周世輔、周文湘　著
儒家政論衍義　　　　　　　　　　　　　　　　　　薩　孟　武　著
制度化的社會邏輯　　　　　　　　　　　　　　　　葉　啟　政　著
自由憲政與民主轉型　　　　　　　　　　　　　　　周　陽　山　著
蘇東巨變與兩岸互動　　　　　　　　　　　　　　　周　陽　山　著
教育叢談　　　　　　　　　　　　　　　　　　　　上官業佑　著

不疑不懼	王	洪 鈞	著
戰後臺灣的教育與思想	黃	俊 傑	著
太極拳的科學觀	馬	承 九	編著
兩極化與分寸感	劉	笑 敢	著
—— 近代中國精英思潮的病態心理分析			
唐人書法與文化	王	元 軍	著
C 理論 —— 易經管理哲學	成	中 英	著
人力資源管理	佐	護 譽原	著
	蘇	進 安	譯
	林	有 志	

史地類

國史新論	錢	穆	著
秦漢史	錢	穆	著
秦漢史論稿	邢	義 田	著
三國典略輯校	（唐）	兵 悅	撰
	杜德橋(Glen Dudbridge)		輯校
	趙	超	
魏晉史學及其他	逯	耀 東	著
魏晉史學的思想與社會基礎	逯	耀 東	著
宋史論集	陳	學 霖	著
宋代科舉	賈	志 揚	著
中國人的故事	夏	雨 人	著
明朝酒文化	王	春 瑜	著
劉伯溫與哪吒城	陳	學 霖	著
—— 北京建城的傳說			
歷史圈外	朱	桂	著
歷史的兩個境界	杜	維 運	著
近代中國變局下的上海	陳	三 井	著
當代佛門人物	陳	慧 劍	編著
弘一大師論	陳	慧 劍	著
弘一大師傳（修訂新版）	陳	慧 劍	著
杜魚庵學佛荒史	陳	慧 劍	著
蘇曼殊大師新傳	劉	心 皇	著
近代中國人物漫譚	王	覺 源	著
近代中國人物漫譚續集	王	覺 源	著

書　名	著（編）者
橫看成嶺側成峯	文曉村　著
大陸文藝新探	周玉山　著
大陸文藝論衡	周玉山　著
大陸當代文學掃描	葉穉英　著
走出傷痕　——大陸新時期小說探論	張子樟　著
大陸新時期小說論	張　放　著
大陸新時期文學（1977－1989）　——理論與批評	唐翼明　著
大陸「新寫實小說」	唐翼明　著
兒童文學	葉詠琍　著
兒童成長與文學	葉詠琍　著
累廬聲氣集	姜超嶽　著
林下生涯	姜超嶽　著
青　春	葉蟬貞　著
牧場的情思	張媛媛　著
萍踪憶語	賴景瑚　著
現實的探索	陳信元　編
一縷新綠	柴　扉　著
金排附	鍾延豪　著
黃巢殺人八百萬	吳錦發　著
泥土的香味	宋澤萊　著
燈下燈	彭瑞金　著
陽關千唱	蕭　蕭　著
種　籽	陳　煌　著
無緣廟	向　陽　著
鄉　事	陳艷秋　著
余忠雄的春天	鍾鐵民　著
吳煦斌小說集	吳煦斌　著
卡薩爾斯之琴	葉石濤　著
青囊夜燈	許振江　著
我永遠年輕	唐文標　著
思想起	陌上塵　著
心酸記	李　喬　著
孤獨園	林蒼鬱　著

〜涵泳浩瀚書海　激起智慧波濤〜